DAVID LANGFORD

Terry Pratchetts Scheibenwelt-Quizbuch

Autoren

David Langford ist einer der besten Kenner der Fantasy-Szene und Co-Autor der »Ultimate Encyclopedia of Fantasy«. Im Zusammenspiel mit dem »Schöpfer« und zahlreichen Scheibenwelt-Fanclubs entwickelte er das Scheibenwelt-Quizbuch.

Terry Pratchett, geboren 1948, ist heute einer der erfolgreichsten britischen Autoren überhaupt. Er lebt mit seiner Frau Lyn und seiner Tochter Rhianna in Wiltshire.

Terry Pratchett im Goldmann Verlag

Von der bizarren Scheibenwelt:

Voll im Bilde. Roman (41543) • Alles Sense! Roman (41551) • Total verhext. Roman (41557) • Einfach göttlich. Roman (41566) • Lords und Ladies. Roman (42580) • Helle Barden. Roman (43048) • Rollende Steine. Roman (41589) • Echt zauberhaft. Roman (41599) • Mummenschanz. Roman (41593) • Hohle Köpfe. Roman (41539) • Schweinsgalopp. Roman (41631) • Fliegende Fetzen. Roman (41625) • Heiße Hüpfer. Roman (41646) • Ruhig Blut! Roman (41652) • Mort. Der Scheibenwelt-Comic (30636)

Zusammen mit Stephen Briggs:

Die Scheibenwelt von A-Z (43263)
Die Straßen von Ankh-Morpork. Eine Scheibenwelt-Karte (24719)

Johnny-Maxwell-Romane von Terry Pratchett im Goldmann Verlag:

Nur Du kannst die Menschheit retten. Roman (42633)
Nur Du kannst sie verstehen. Roman (42634)
Nur Du hast den Schlüssel. Roman (43817)

In Kürze erscheint:

Der Scheibenwelt-Kalender 2001. Illustriert von Paul Kidby (54500)

Weitere Bände sind in Vorbereitung.

David Langford

Terry Pratchetts Scheibenwelt-Quizbuch

Ins Deutsche übertragen
von Andreas Brandhorst

GOLDMANN

Die englische Originalausgabe erschien 1996
unter dem Titel
»Terry Pratchett's Discworld Quizbook.
The Unseen University Challenge«
bei Victor Gollancz Ltd., London

Umwelthinweis:
Alle bedruckten Materialien dieses Taschenbuches
sind chlorfrei und umweltschonend.
Das Papier enthält Recycling-Anteile

Deutsche Erstveröffentlichung 2/2000

Umschlaggestaltung: Design Team München
Umschlagillustration: Josh Kirby
Satz: Uhl + Massopust, Aalen
Druck: Elsnerdruck, Berlin
Verlagsnummer: 44514
Redaktion: Michael Ballauff
V.B. · Herstellung: Peter Papenbrok
Printed in Germany
ISBN 3-442-44514-0

1 3 5 7 9 10 8 6 4 2

Ordnen Sie die folgenden Worte
zu einem sinnvollen Satz an:

zwanzig Hazel für Dank mit
wundervolle Für des Seins Jahre

Einführung

Von Terry Pratchett

Jemand sagte einmal, die Scheibenwelt sei eine Welt und ein Spiegel von Welten.

Moment mal... Diese Worte stammen von mir.

Aber früher oder später wird jede Fantasy-Welt zu unserer eigenen. So gut sie auch getarnt ist – sie kann ihrem Ursprung nicht entkommen. Ganz gleich wie hoch die fernen Berge sind und wie viele Zwerge sich in den nahen Wäldern herumtreiben: Jede Person, die ein Stück *Zorkel*-Fleisch zwischen zwei Scheiben Brot ißt, spricht früher oder später von einem »Sandwich«. Jeder Satz, den selbst die erhabensten Elfen sprechen, steckt voller Echos aus dem alten Rom.

Dagegen läßt sich kaum etwas ausrichten. Der Schöpfer frischer neuer Welten achtet zu Anfang sorgfältig darauf, weder deutsche Schäferhunde noch Solinger Messer zu erwähnen, aber wenn er vernünftig genug ist, wird er eines Tages von der Tastatur aufsehen und sagen: »Ach, was soll's!«

Ungefähr an dieser Stelle beginnt die Scheibenwelt. In ihrem Bereich ist die Realität sehr dünn, deshalb machen sich gelegentlich die Einflüsse prosaischerer Welten bemerkbar. Ein Stadtwächter mit Brustharnisch, Helm und vielen Problemen spricht irgendwann wie Harry Callaghan. Ein junger Druide, der Pionierarbeit in der neuen populären Musik leistet, kann aus völlig logischen und vertretbaren Gründen einen Namen haben, der »Stechpalmenknospe« beziehungsweise »Bud of the Holly« lautet.

Das alles ist traditioneller Kram. Wer eine Geschichte erzählt, macht sie lebendig, indem er dem Leser vertraute Bilder bietet. Aber es gibt noch andere, verborgenere Mechanismen. Die große Stadt Ankh-Morpork wird von Lord Vetinari regiert, und ganz offensichtlich sind die Vetinaris entfernte Verwandte der Medici. Doch wer einige Nachforschungen betreibt und zu lateralem Denken fähig ist, sollte erkennen, warum die Stadt seit einigen Büchern auch adlige Familien wie die Selachii und die Venturii beherbergt. Irgendwo wartet dort ein Plot…

Allerdings wirkt diese Sache auch in der anderen Richtung. Die Scheibenwelt-Bücher werden analysiert. Manche Leute gehen dabei gründlich wie Baconianer vor und schreiben mir triumphierende Briefe darüber, daß der Satz »Bitte öffne das Fenster« zweifellos aus einem tschechischen Theaterstück stammt, das zum letzten Mal im Jahr 1928 aufgeführt wurde. Andere fragen nach dem letztendlichen Schicksal von Personen, die nur deshalb in der Handlung auftraten, um von einem herabfallenden Mungo betäubt zu werden. Manche Leser erkundigen sich sogar danach, was mit Romanfiguren nach dem Ende des Buches geschieht.

Woher kommt der Wunsch, kleinen Welten Gestalt zu geben, Wörterbücher mit der klingonischen Sprache zu schreiben und Wegweiser im Märchenland aufzustellen? Ich weiß es nicht. Aber ich bin ziemlich sicher, daß wir aufgrund dieser Aktivitäten Menschen sind und nicht nur eine Spezies hochentwickelter Affen. Vermutlich kommt darin auch ein geheimnisvoller Überlebenswille zum Ausdruck.

Wie ich hörte, hat die BBC das Thema Scheibenwelt bei *Mastermind* verboten, womit die BBC erstaunlich viel Vernunft beweist. Aber wenigstens haben Sie nun die Möglichkeit, umgeben vom Komfort Ihres eigenen Heims, Ihr Wissen in Scheibenweltologie zu zeigen.

Was können Sie mehr verlangen?

Terry Pratchett

IMMATRIKULATION

Die Prüfungspapiere der Unsichtbaren Universität, Zentrum des okkulten Wissens auf Terry Pratchetts Scheibenwelt, ähneln keinen anderen im Multiversum. Zauberer haben eine besondere Perspektive für multiple Dimensionen, und deshalb sollten Prüflinge davor gewarnt werden, mehr als drei Seiten des Papiers zu beschreiben – oder weniger als die Quadratwurzel von minus eins. Bilokation, Hellseherei und Magie der temporalen Stasis sind im Prüfungssaal streng verboten.[1] Fortgeschrittene Fragen in magischer Theorie erfordern Vorsicht, da sie Prüflinge in kleine rosarote Eidechsen verwandeln können. (So etwas gilt als »Durchgefallen«). Und so weiter.

Da die Unsichtbare Universität ihre Prüfungspapiere mit großer Sorgfalt hütet und unser Verlag seltsamerweise dagegen ist, daß sich Leser in Eidechsen verwandeln[2], müssen wir den Rahmen dieses Quizbuchs ein wenig einschränken. Es folgen einige Hinweise und Tips – bitte lesen Sie alles aufmerksam, bevor Sie mit der Lektüre dieses Buches beginnen.

- Es wäre Wahnsinn oder zumindest sehr, sehr dumm, an die Fragen in diesem Buch heranzugehen, ohne Terry Pratchetts Werke zu kennen, insbesondere die Scheibenwelt-Romane von *Die Farben der Magie* (1983) bis *Mummenschanz* (1995). Neue Leser seien gewarnt: Einige Fragen könnten Einzelheiten des Plots verraten und so das Lesevergnügen beeinträchtigen, wenn man das entsprechende Buch noch nicht kennt. Allerdings gibt es keine so deutlichen Hinweise wie »In *Helle Barden* hat's der Butler getan«.

[1] Und glauben Sie bloß nicht, daß die Aufsicht das Buch »Die Scheibenwelt von A bis Z« in Ihrer Tasche übersieht.

[2] Weil Eidechsen keine Bücher kaufen.

- Es ist auch nützlich, etwas über das Universum im großen und ganzen zu wissen, denn ein großer Spaß der Scheibenwelt besteht in versteckten Anspielungen und Scherzen. Peter Cooks Worte sollten für uns alle ein Beispiel sein: »Ich bin sehr am Universum interessiert. Ich spezialisiere mich auf das Universum und alle Dinge, die es umgeben.«
- An dieser Stelle lachen wir verächtlich über Scheibenwelt-Leser, die nie verstanden haben, daß Anspielungen, Querverweise und ähnliche Dinge auf eine lange und sehr geschätzte literarische Tradition zurückblicken können. Wenn es solchen Leuten mit viel Mühe gelingt, eine Verbindung herzustellen – zum Beispiel erinnert die Bezeichnung »Unsichtbare Universität« an das »Invisible College« der Naturwissenschaftler des siebzehnten Jahrhunderts –, so fragen sie: »Terry Pratchett hat also alles *geklaut?*« Von solch einer Einstellung halten wir nichts. Die Prüfungspapiere fordern Sie auf, Verbindungen zu erkennen; sie stecken voller gelehrtem Spaß, nicht voller dunkler Plagiat-Hinweise. Mehr darüber in einer der Antwortsektionen.
- Der Erzkanzler teilt mit, daß die Fakultätsnamen oben auf den Prüfungspapieren nicht unbedingt den tatsächlichen Universitätskursen entsprechen. Manchmal finden die Vorlesungen nur in Zimmer 3B statt.
- Die Prüflinge sollten nicht beide Seiten des Prüfungspapiers gleichzeitig umblättern. Das heißt: Bei Ihrer Ehre sollen Sie nicht zu schnell umblättern, weil aus praktischen Gründen (um das lästige Nachschlagen im hinteren Teil des Buches zu vermeiden) die Antworten den Fragen sofort folgen.
- Auf die Anzahl der erzielten Punkte wird in der Antwortenrubrik hingewiesen. Normalerweise gibt es einen Punkt für jede richtig beantwortete Frage, doch einige Ausnahmen sollen Sie verwirren und verärgern. Sie können sich im nachhinein zusätzliche Punkte geben, mit der Rechtfertigung, daß Ihnen die richtige Antwort auf der Zunge lag – vorausgesetzt, Sie schämen sich ein wenig dafür. Seien Sie insbesondere dann großzügig zu sich selbst, wenn es um den Namen einer Randfigur geht. Nicht einmal Terry Pratchett erinnert sich an die Namen *aller* Statisten auf der großen Bühne der Scheibenwelt. Zum Beispiel: »Äh, der Zauberer in *Gevatter Tod,*

der Name liegt mir auf der Zunge, fängt mit einem S an, saß dauernd auf Pizzas, ja, ich *kenne* ihn …« Diese Worte sind ein durchaus glaubwürdiger Ersatz für »Ignazius Schneidgut«.

- Wenn Sie einmal absolut nicht weiterwissen – wir haben keine Kosten gescheut, dem Buch eine Sektion mit Tips hinzuzufügen, getarnt als Fragen der Fakultät für Frisöriges (Seite 208). Dieses Verhalten ist gleichbedeutend mit der Verwendung magischer Techniken wie Kristallsehen bei der Prüfung. Die Professoren der Unsichtbaren Universität vertreten in dieser Hinsicht den Standpunkt: Wer geschickt genug mit Magie umgehen kann, um Derartiges zu bewerkstelligen, verdient es, die Prüfung zu bestehen – obgleich er ein unerträglich schlauer Bursche ist.
- Den Prüflingen wird geraten, sich nicht zu viele Fragen vorzunehmen. Wer es übertreibt, muß mit Hirnschäden rechnen. In diesem Fall könnte es geschehen, daß man morgens mit einem schrecklich leeren Schädel erwacht und noch immer ein Buch umklammert, dessen Einband tropft und das seltsamerweise ein wenig … dicker zu sein scheint. Ein solch gräßliches Klischee gilt es unbedingt zu vermeiden.
- Von Allwissenheit hält man an der Unsichtbaren Universität nicht besonders viel. (Die Götter können bei Dingen, die in ihren Zuständigkeitsbereich fallen, recht pampig werden.) Wenn Sie jede einzelne Frage mühelos beantworten können, ohne in den Scheibenwelt-Büchern nachzusehen, ist mit der Qualität Ihres Lebens etwas ernsthaft nicht in Ordnung.

Blättern Sie jetzt um und beginnen Sie mit den Prüfungen.

David Langford

Fakultät für Mischmasch

Ein Haufen leichter Fragen, um Sie in die richtige Stimmung zu bringen. Wie es bei der Prüfungskommission so schön heißt: »Hier habet ihr Gelegenheit, ordentlich Punkte zu sammeligen…«

1 Wer hat bei einer Begegnung mit anderen Barbaren gesagt, die drei angenehmsten Dinge im Leben seien »warmef Waffer, ein gutef Gebiff und weichef Toilettenpapier«?

2 Welches stürmische Insekt ist für die fraktalen Mandelbrot-Muster auf seinen Flügeln bekannt?

3 Tods eindrucksvolles Flugroß, das mit der Geschwindigkeit der Nacht die Welt überquert, heißt… wie?

4 Nennen Sie den heiligen Ort, wo sich das Tageslicht besonders gut für Filme eignet.

5 Was essen Zwerge am liebsten, abgesehen von ihrem berühmten Zwergenbrot?

6 Beantworten Sie die folgende von Erzkanzler Ridcully gestellte Frage: »Was für eine traurige und hoffnungslose Person hält es für notwendig, ZAUBBERER auf den eigenen Hut zu schreiben?«

7 Wenn nachtaktive Trolle von Legenden sprechen, die aus dem Sonnenuntergang der Zeit stammen – was meinen sie damit?

7 **a** Wie lautet das gefürchtete Wort, vor dem sich Zauberer hüten und das Besucher im Tempel von Bel-Shamharoth auf keinen Fall aussprechen sollten?

9 In einer berühmten Szene der Scheibenwelt-Saga klettert eine

fünfzehn Meter große Frau am höchsten Gebäude in Ankh-Morpork empor, und in der einen Hand hält sie dabei einen entsetzten… was?

10 Wer war die Hexenzirkel-Leiterin und Pschikologie-Expertin, der ein Besen mit Startproblemen gehörte und welche die erste (vermutlich auch einzige) Frau war, der man einen Lehrstuhl an der Unsichtbaren Universität anbot?

11 Welche okkulte Kraft öffnete die Bronzetür des großen Tempels von Om, ohne daß sie von einer menschlichen Hand berührt wurde?

12 Welches revolutionäre neue finanzielle Konzept, das auf einen Touristen vom Gegengewicht-Kontinent zurückging, führte dazu, daß der größte Teil von Ankh-Morpork niederbrannte?

13 Eine große Masse aus kastanienbraunen Locken ziert das Haupt von Lady Sybil Käsedick, der bekannten Sumpfdrachen-Züchterin – was ist daran bemerkenswert?

14 Wenn menschenfressendes Entsetzen auf vielen kleinen Beinen heranstürmt – aus welchem Material könnte es Ihrer Meinung nach bestehen?

15 An welches tatsächlich existierende Musical erinnert uns der in *Mummenschanz* erwähnte Operntitel *Sieben Zwerge für sieben andere Zwerge?*

16 Wenn es eine Namenstafel (wahrscheinlich in geschmackloser Schnitzerei) am Heim der Scheibenwelt-Götter auf dem Berg Cori Celesti gäbe – wie würde die Aufschrift lauten?

17 Welcher Scheibenwelt-Roman besteht aus zwei miteinander verknüpften Handlungsträgern, die durch unterschiedliche Typographie voneinander unterschieden sind?

18 Von welcher Romanfigur heißt es, sie hätte vier Augen? (Auf manchen Umschlagbildern wird sie auch so dargestellt.)

19 Welches mehr oder weniger übergeschnappte Fakultätsmitglied der Unsichtbaren Universität braucht getrocknete Froschpillen, um nicht völlig auszuklinken?

20 Identifizieren Sie das Scheibenwelt-Buch, für das der amerikanische Verleger folgendermaßen warb: »Wer in dieser

Welt – oder irgendeiner anderen – würde einen Roman über eine Football-Mannschaft schreiben, die einer Gruppe böser Elfen zum Opfer fällt?

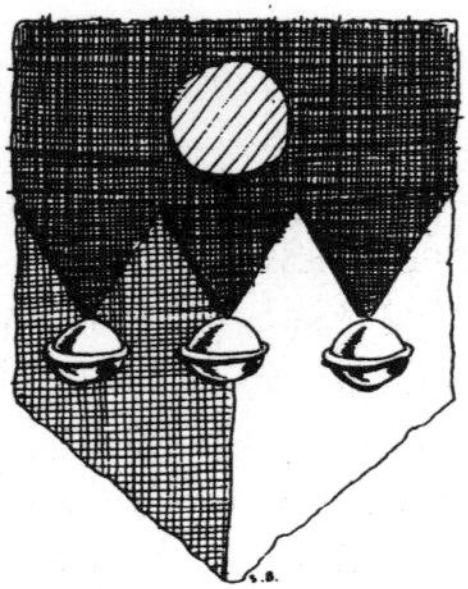

Fakultät für Mischmasch

ANTWORTEN

1 Cohen der Barbar. (*Das Licht der Phantasie*)
2 Der Quantenwetter-Schmetterling (*Papilio tempestae*). Er manipuliert den »Schmetterlingseffekt« der Chaos-Theorie, um heftige Stürme zu erzeugen, die für gewöhnlich etwa fünfzehn Zentimeter durchmessen. (*Echt zauberhaft*)
3 Binky (*Gevatter Tod*)
4 Holy Wood in *Voll im Bilde.* Fast wäre dieser Ort *Hurra für Holy Wood* genannt worden.
5 Ratten. Vorzugsweise mit Ketchup. Mit Ketchup kostet eine Ratte fast doppelt soviel wie ohne, aber haben Sie jemals eine Ratte ohne Ketchup probiert? (*Helle Barden*)
6 Rincewind. Natürlich. (*Echt zauberhaft*)
7 Sie meinen das gleiche wie wir, wenn wir von »Anbeginn« oder »Morgengrauen der Zeit« sprechen. Für Trolle, die nur nachts erwachen, beginnt der Tag bei Sonnenuntergang. Das

Morgengrauen der Zeit liegt für sie in der Zukunft. (*Das Licht der Phantasie*)

7 **a** »Acht« (*Die Farben der Magie*)

9 Einen Affen – den Bibliothekar, um ganz genau zu sein. Sie verlieren zwei Punkte, wenn Ihre Antwort »Tier« lautete. (*Voll im Bilde*)

10 Oma Wetterwachs. Ihr gefiel einer der größten Besen aus Korbgeflecht. (*Das Erbe des Zauberers*)

11 Hydraulik: ein von Wasserkraft betriebener Mechanismus. Letztendlich geht alles auf die Anstrengungen vieler Sünder zurück, die in der Tretmühle der Buße eine Welle antreiben und dadurch Wasser in den Apparat pumpen. Eine so oder ähnlich lautende Antwort ist gut. (*Einfach göttlich*)

12 Feuerversicherung (*Die Farben der Magie*)

13 Es handelt sich um eine Perücke. Wer sich Drachen hält, muß schon nach kurzer Zeit damit rechnen, sein Haar zu verlieren. (*Wachen! Wachen!*)

14 Die Truhe besteht aus intelligentem Birnbaumholz, einem sehr magischen Material, das auch äußerst widerstandsfähig Magie gegenüber ist. (*Die Farben der Magie*)

15 *Sieben Bräute für sieben Brüder.* Der verborgene Witz dabei ist, daß die Geschlechter unerwähnt bleiben, weil man bei den Zwergen der Scheibenwelt kaum feststellen kann, ob es Männer oder Frauen sind: Beide haben Bärte und tragen Helme.

16 »Würdentracht« (*Die Farben der Magie*)

17 *Alles Sense* in der englischen Originalausgabe. Es zeigt sich insbesondere in der ersten Hardcover-Ausgabe von Gollancz.

18 Zweiblum, erster Tourist der Scheibenwelt, in *Die Farben der Magie* und *Das Licht der Phantasie.* Eigentlich bezieht sich der Ausdruck »vier Augen« auf die Tatsache, daß Zweiblum eine Brille trägt. Josh Kirby, Zeichner des Titelbilds, nahm die Bezeichnung jedoch zum Anlaß für inspirierten Surrealismus. Oder er verstand sie falsch. Entweder das eine oder das andere.

19 Der gegenwärtige Quästor. Seit seinem ersten Erscheinen in *Voll im Bilde* hat sich sein Zustand immer mehr verschlechtert.

20 *Lords und Ladies.* Ein anderes Buch kommt nicht in Frage, denn allein in diesem Scheibenwelt-Roman gibt es eine starke Präsenz von Elfen. (Der Protagonist von *Rollende Steine* imitiert nur einen Elfen.) Aber wie kam der Verleger HarperPrism auf eine Football-Mannschaft? Haben wir es hier vielleicht mit einem Indiz für die in Amerikanern tief verwurzelte Unfähigkeit zu tun, den Moriskentanz zu verstehen? Spielt es in diesem Zusammenhang eine Rolle, daß eingefleischte Pratchett-Fans Amerikaner »Merkins«[1] nennen? Wahrscheinlich nicht.

[1] Schlagen sie dieses Wort nicht im Wörterbuch nach.

Fakultät für ERSTE URSACHEN

Nennen Sie die Scheibenwelt-Bücher, die mit folgenden Worten beginnen:

1 Dies ist das von flackerndem Kerzenschein erhellte Zimmer…
2 Die Sonne ging zögernd auf, als wüßte sie nicht so recht, ob es die Mühe lohnte.
3 Seht nur…
4 Dies ist die Scheibenwelt…
5 Wind heulte.
6 Es war einmal ein Mann, und er hatte…
7 Die Sonne ging zögernd auf, als wüßte sie nicht so recht, ob es die Mühe lohnte.
8 In dieser Geschichte geht es um Erinnerungen.
9 Den Moriskentanz kennt man auf allen bewohnten Welten des Multiversums.
10 In diesem Zimmer rieselt das Leben dahin…

Letzter Hinweis: Vergessen Sie nicht die Sektion »Fakultät für Frisöriges« auf S. 208 – dort finden Sie Hinweise. Markieren Sie die betreffende Stelle am besten mit einem Lesezeichen. Früher oder später wollen Sie dort bestimmt nachsehen.

ANTWORTEN

1 *Gevatter Tod*
2 *Das Licht der Phantasie* (The Light Fantastic: The Graphic Novel)
3 *Voll im Bilde*
4 *Total verhext*
5 *MacBest* und auch *Mummenschanz.* Sie bekommen einen zusätzlichen Punkt, wenn Sie beide Bücher genannt haben.
6 *Der Zauberhut*
7 *Das Licht der Phantasie*
8 *Rollende Steine*
9 *Alles Sense*
10 *Mort: Der Scheibenwelt-Comic*

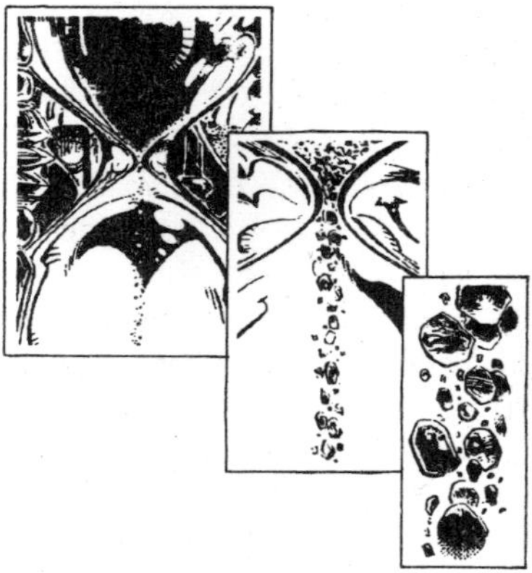

Fakultät für UNSICHTBARE SCHRIFTEN

Hier sind einige Auszüge aus verschiedenen Schriften, Gravierungen, Inschriften und so weiter, die in den Scheibenwelt-Romanen vorkommen. Finden Sie den Zusammenhang.

1 Ahahahahaha! Ahahahaha! Ahahaha! SEID AUF DER HUT!!!!!
2 ICH BINNE NICH TOT.
3 ICH SCHULDE DIR 4 DOHLAR.
4 Einen solchen Mann sehen wir nie wieder.
5 Repariert Trittleitern.
6 Hilfe. Hilfe. Wer auch immer dies liest: Ich bin in der Gewalt von bösen Eunuchen. Hilfe.
7 *Ist euch immer noch zum Lachen zumute?*
8 Folgt mir, Bwanas. Wir reiten hintereinander, um den verhaßten Feind zu täuschen.
9 Selbst für den Verkauf von Nekromanten-Zigaretten geschlossen.
10 Er hat versprochen zu kommen, aber er ist noch nicht da. Dies ist mein letzter Molch. Ich habe ihn extra aufgespart. Und er ist nicht gekommen.

Fakultät für Unsichtbare Schriften

ANTWORTEN

1 Eine der auf raffinierte Weise beunruhigenden Botschaften des »Operngeistes«. (*Mummenschanz*)

2 Hinweis von Oma Wetterwachs, daß sie nicht tot ist, sondern »borgt«: Ihr Geist befindet sich im Körper irgendeines Tiers. (*Lords und Ladies*)

3 Ein »Schuldschein«, den Erzkanzler Ridcully mit Magie in die steinerne Wand eines Cafés in Ankh-Morpork gebrannt hat. Zuvor hatten die Zauberer sowohl das Café als auch die Straße mit nach Kaffee riechendem Schaum gefüllt, als sie versuchten, Espresso zu beschwören. (*Rollende Steine*)

4 So lautet die einen innigen Wunsch widerspiegelnde Inschrift des Sockels, auf dem in der Unsichtbaren Universität die Statue von Alberto Malich steht. Nach 2000 Jahren gab es doch ein Wiedersehen. (*Gevatter Tod*)

5 Von der Visitenkarte Giamo Casanundas, zweitgrößter Liebhaber der Welt (»Ich werde mir mehr Mühe geben.«) Er ist auch ein »geschickter Schwertkämpfer, abenteuerlustiger Söldner und unverschämter Lügner«. (*Lords und Ladies*)

6 Fußnote eines Steuerbescheids, gegen seinen Willen verfaßt von Sechs Wohltätige Winde, auf Geheiß des Barbaren Cohen – der nur als Eunuch *verkleidet* war. (*Echt zauberhaft*)

7 Der einfallsreiche Großvater des Serifen von Al Khali ließ einen Geheimtunnel mit vielen Überraschungen bauen (automatische Tritte, unerwartetes Kitzeln, elektrische Schläge, Eimer mit Tünche usw.). Wiedergegeben ist die Inschrift des letzten Scherzes: ein etwa hundertzwanzig Zentimeter dickes Deckensegment, dazu bestimmt, urkomisch auf den ahnungslosen Eindringling herabzufallen. (*Der Zauberhut*)

8 Untertitel für den Stummfilm *Schatten der Wüste.* Dies soll über den Umstand hinwegtäuschen, daß die Streitmacht des klatschianischen Wüstenherrn aus genau einem Kamel

besteht. Die Kamera nimmt es hundertmal mit verschiedenen Reitern auf. (*Voll im Bilde*)

9 Dieser ärgerliche Hinweis prangte einmal an der Tür des magischen Ladens, der durchs Universum reist und einen langen, komplizierten Namen hat.[1] (*Das Licht der Phantasie*)

10 Hier kommt das besondere Genie des Zwergs und Dramatikers Hwel zum Ausdruck: In diesem Text, den die DRITTE HEXE spricht, schleicht sich *Warten auf Godot* ins schottische Drama.[2] (*MacBest*)

[1] Ein anderes Schild wies interessierte Kunden auf folgendes hin: »Morgen gibt es wieder Löffelschnappers Blutegel, die kleinen Sauger.«

[2] Beziehungsweise ins Drama von Lancre.

Fakultät für PERSONEN AM RANDE

Hier können Sie Ihr Wissen über einige Nebenpersonen, Speerträger und sonstige Statisten der Scheibenwelt auf die Probe stellen...

1 Was stellte der Zwergenjuwelier Knubbelkinn für den Barbaren Cohen her?
2 Zweiblum nannte seinen beschworenen Drachen Neunrute. Auf wen geht dieser Name zurück?
3 Welche Aufgaben nahm Moghedron bei den Palastbediensteten von Sto Lat wahr?
4 Welchen Anfängerkurs an der Unsichtbaren Universität unterrichtete Jeophal der Rüstige?
5 Wie werben J. H. »Flanellfuß« Boggis' Visitenkarten für ihn selbst und seine Neffen?
6 Für welches amüsante Gefängnis war der Kichernde Lord Smince berühmt?
7 Welche leckeren runden Köstlichkeiten aß Norris, der Irre von Quirm, besonders gern?
8 Welches Land regierte König Mausoleum während der Zeit einer legendären Belagerung, bei der ein hölzernes Tier zum Einsatz kam?
9 Fürst Lasgere von Tsort wollte zu einem Gelehrten werden und verlangte, daß man ihm eine fürstliche Straße zur Weisheit baute. Wer sollte ihr Baumeister sein?
10 Drei Straßenräuber waren ziemlich verdutzt, als ihr »Opfer« in den Schatten entkam, weil es *was* mit einer Mauer anstellte?

ANTWORTEN

1 Ein Gebiß aus Diamanten. (*Das Licht der Phantasie*)
2 Auf seinen früheren Chef, den Oberbuchhalter Neunrute. (*Die Farben der Magie*)
3 Er war der Weinkellner des Palastes. (*Gevatter Tod*)
4 Entmaterialisierung für Anfänger. (*Das Erbe des Zauberers*)
5 Diebe nach Maß, »die alte Firma«. (*MacBest*)
6 Für seinen Lach-ein-bißchen-Kerker. (*Wachen! Wachen!*)
7 Man bezeichnete Norris auch als den augenfressenden Irren von Quirm. (*Mummenschanz*)
8 Tsort. Und was das Tier betrifft: Gemeint ist das Scheibenwelt-Äquivalent des Trojanischen Pferds. (*Eric*)
9 Der Philosoph Didaktylos.[1] (*Einfach göttlich*)
10 Das auserkorene Opfer war Mort, der gerade den Dreh herausbekommen hatte: Er ging durch eine Wand. (*Gevatter Tod*)

[1] In unserer Welt leitete Euklid eine Geometrieschule in Alexandria und wurde von König Ptolemaios nach einer leichten, übersichtlichen Version der komplizierten Mathematik gefragt. Die von Legenden überlieferte Antwort lautet: »Herr, es gibt keine fürstliche Straße zur Weisheit.«

Fakultät für

THAUMOWAHL

Auf der Scheibenwelt gibt es viele Träger von Mänteln und spitzen Hüten. Wer von ihnen …

1 … hat seine Macht auf ein Kind übertragen, das nicht das richtige Geschlecht hatte?
2 … hat ein sprechendes Messingschild neben seiner Tür an die Wand geschraubt?
3 … war für kurze Zeit ein Experte für Oxidationsprobleme gewisser Reaktoren?
4 … glaubte, Teleportation sei eigentlich ganz einfach, nur eine Frage von Energieabsorption und der Beachtung gewisser relativer Geschwindigkeiten?
5 … transferierte seine Essenz in den eigenen Zauberstab?
6 … hatte eine kleine Flasche von Bentincks Sehr Altem Und Besonderem Brandy in seinem Hut?
7 … gab seinen Namen einem Zauberspruch, der große magische Linsen erschuf?
7 **a** … erfand Knallkörner?
9 … wurde zumindest vorübergehend zu einem Zombie?
10 … entwickelte eine fürchterliche Waffe namens »Stab der völligen Negativität«?
11 … schrieb einen magischen Text namens *Dämonylogie Malyfycorum?*
12 … trank geistesabwesend ein starkes Aphrodisiakum und sprang dann ins eiskalte Wasser eines Pferdetrogs, der wenige Sekunden später zu dampfen begann?

ANTWORTEN

1 Drum Billet in *Das Erbe des Zauberers.* Sein magischer Erbe war Esk, die ein Junge sein sollte, kein Mädchen.
2 Käsemeier, C. V., Dr. Mag. (Unsichtbare Universität), Bakkalaureus thau. und oec. Diese Auskunft erteilte das Messingschild in *Rollende Steine.* »Käsemeier« genügt als Antwort.
3 Rincewind, der sich vorübergehend in einem anderen Universum befand, und zwar als Dr. Rjinswand. (*Die Farben der Magie*)
4 Ponder Stibbons (*Echt zauberhaft*)
5 Allesweiß der Rote (*Der Zauberhut*)
6 Mustrum Ridcully (*Alles Sense*)
7 Fresnel. Sein Linsenzauber heißt »Fresnels Wundervoller Konzentrator« und erinnert an die Fresnel-Linsen in irdischen Scheinwerfern usw. (*Die Farben der Magie*)
7 **a** Peavie, Schatzmeister der Alchimistengilde (*Voll im Bilde*). Wenn Sie darauf hinweisen, daß Hwel in *MacBest* bereits Popcorn kannte, genehmigen Sie sich jetzt einen Moment pedantischer Genugtuung, aber keinen zusätzlichen Punkt.
9 Windle Poons (*Alles Sense*)
10 Ajandurah. Sie bekommen keinen Punkt, wenn Sie Marchesa genannt haben, die den Stab nur benutzte. (*Die Farben der Magie*)
11 Henchanse der Unzufriedene (*Das Erbe des Zauberers*)
12 Ignazius Eruptus Schneidgut, Doctorus Magus (Unsichtbare Universität), Maister des Unendlichen, Zauberer des Zweiundfünfzigsten Grades, Hüter der Sacralen Pfohrte – Wenn nicht zu Hause Poßt bitte bei Frau Thugend nebenan hinterlaßen.[1] (*Gevatter Tod*)

[1] Morts Besuch beunruhigte ihn so sehr, daß er nervös eine Flasche leerte, die »Oma Wetterwachs' Trank dher Laidenschaft, gebrauht nach dem berühmten Rezept ›Macht müde Männer munnter‹ – nur ain klainer (1) Löffel am Ahbend« enthielt.

Fakultät für Spekulation

Manchmal ist die thematische Verbindung für den Kenner so offensichtlich, daß sie nicht extra erwähnt werden muß. Identifizieren Sie folgende Aussagen:

1 Eine berühmte philosophische Abhandlung von Xeno aus Ephebe.
2 Durch großzügige Verwendung eines Poliermittels wurde diese Person in gewissen Situationen zu einer echten Gefahr.
3 Entdeckte im *Heiß Und Fettig* einen blaugrünen Klumpen mit gummiartigen Röhrchen, wodurch er ein gräßliches Ende fand.
4 Könnte bei der Interpretation von Skizzen und Entwürfen des größten Erfinders der Scheibenwelt helfen.
5 Einer von vier wichtigen großmütterlichen Ratschlägen, die Desiderata Hohlig bei ihrem Weg durchs Leben halfen.
6 Eine fünfzehn Meter durchmessende tödliche Waffe.
7 Wird von allen Assassinen benutzt, um eine schreckliche Beleidigung ihrer Opfer zu vermeiden.
8 Ein kleines, fleckiges Objekt, das Oma Wetterwachs sorgfältig vergrub.
9 Was Mumm betrachtete, als der Assassine vom Dach des Opernhauses zuschlug.
10 Legendär und berühmt für ein mit der Energie von Blitzen betriebenes Telepräsenzsystem.

Fakultät für Spekulation

ANTWORTEN

Die Spekula im Fakultätsnamen sind natürlich Spiegel.

1. Xenos Buch *Reflexionen.* (*Einfach göttlich*)
2. Karottes spiegelnder Brustharnisch konnte Sumpfdrachen bei dem Versuch, sich aufzublähen und ihre Spiegelbilder zu übertreffen, explodieren lassen. (*Helle Barden*)
3. Neun Drehende Spiegel, Wesir des Achatenen Reiches. (*Gevatter Tod*)
4. Ebenso wie sein morphischer Zwillingsbruder Leonardo da Vinci schrieb Leonard von Quirm persönliche Anmerkungen und Kommentare von rechts nach links. Halten Sie sie einfach vor einen Spiegel. (*Helle Barden*)
5. »Trete nie zwischen zwei Spiegel – sonst könntest du enden wie Lily Wetterwachs.« (*Total verhext*)
6. Die Ephebianer verwendeten einen fünfzehn Meter durchmessenden Parabolreflektor, um die Sonnenstrahlen zu konzentrieren und den größten Teil der omnianischen Flotte zu verbrennen.[1] (*Einfach göttlich*)
7. Ein großer Spiegel im Zimmer eines jeden Assassinen: Ein schlecht gekleideter Mörder wäre eine unverzeihliche Beleidigung des Opfers. (*Pyramiden*)
8. Der eine Spiegel in ihrer Hütte – Lily hätte sie damit beobachten können. (*Total verhext*)
9. Sein eigenes Gesicht im gesprungenen Spiegel überm Waschbecken in seinem Quartier. (*Helle Barden*)
10. Einsonnenspiegel, Gründer des Achatenen Reiches. Seine

[1] Angeblich wandte »unser« Archimedes diesen kleinen Trick bei der Verteidigung von Syrakus gegen römische Angreifer im Jahr 212 v. Chr. an. Angesichts der heutigen Spiegeltechnik erscheint das unwahrscheinlich. Der wissenschaftliche Essayist J. B. S. Haldane vermutete, daß Archimedes solch eine Waffe gar nicht gebaut hat. Möglicherweise wurden im Auftrag des syrakusischen Informationsministeriums Flugblätter über die Mauern geworfen, die eine entsprechende Konstruktion durch Archimedes ankündigten…

Rote Terrakotta-Armee folgte unerbittlich allen Bewegungen und Anweisungen des Anführers[1] – auch wenn sich der Anführer als so ungeschickt erwies wie Rincewind. (*Echt zauberhaft*)

[1] An dieser Stelle raten wir ausdrücklich davon ab, das Computerspiel namens *Lemminge* zu erwähnen.

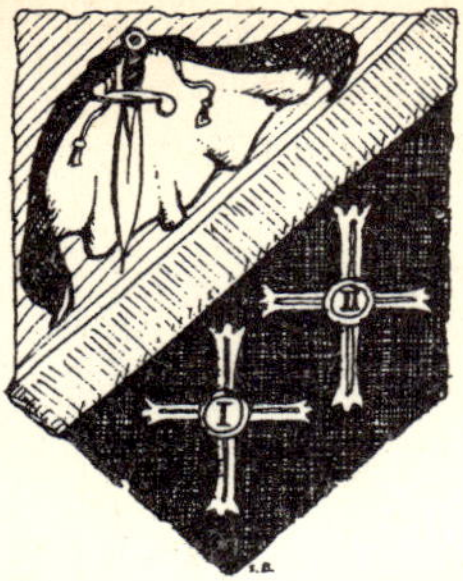

Fakultät für Schlimmen Schluss

Wie jede Welt, in der Tod eine Hauptrolle spielt, bietet die Scheibenwelt Menschen und anderen Leuten reichlich Gelegenheit, ein böses Ende zu nehmen. Es folgt eine Auswahl von Todesbringern – nennen Sie die Opfer.

1. Ein bellender Hund.
2. 1.000 trompetende Elefanten auf improvisierten Bobs.
3. Sauerstoffmangel in einem hermetisch versiegelten Zimmer.
4. Anprobe des Samtmantels, der einer Bettlerkönigin gehört.
5. Selbstmord durch die Nennung des eigenen Namens.
6. Schönheit
7. Eine mit hoher Geschwindigkeit aufprallende Schildkröte.
8. An die Wand genäht werden.
9. Von bösen Kindern in den eigenen Ofen geschoben werden.
10. Ein rotglühender Schürhaken, zehn Pfund lebende Aale, ein über drei Meilen zugefrorener Fluß, ein Faß Wein, zwei Tulpenzwiebeln, mehrere vergiftete Ohrentropfen, eine Auster und ein großer Mann mit einem Holzhammer.

ANTWORTEN

1 Lord Hong und Herr Zervelatwurst in *Echt zauberhaft.* (Einen halben Punkt, wenn Sie nur eine Person genannt haben. Das gilt auch für die anderen multiplen Opfer weiter unten.)

2 Zwei namenlose Yetis in den Spitzhornbergen. Berühmte letzte Worte: »Was bekommt man, wenn man ... einen Berg mit einem Elefanten kreuzt?« (*Voll im Bilde*)

3 Der Zauberer Grauhalt Spold baute ein sicheres Versteck vor dem Tod, dachte jedoch nicht »an die wichtige Rolle, die Luftlöcher dabei spielen«. (*Das Licht der Phantasie*)

4 Nimmer Niedlich, Zofe von Molly, Königin der Bettler von Ankh-Morpork. Wenn ein Assassine mit einem Gfähr auf Gildenoberhäupter schießt, ist es sehr unklug festzustellen, wie man in der offiziellen Garderobe der obersten Bettlerin aussieht. »Einige in Lumpen, andere in Fetzen, und eine im samtenen Gewand« – so heißt es in der Satzung der Bettlergilde. (*Helle Barden*)

5 Vincent der Unverwundbare betrat eine verrufene Taverne in Ankh-Morpork und nannte laut seinen Namen. (*Rollende Steine*)

6 Ein Ding aus den Kerkerdimensionen. »Die Schöne hat das Tier getötet«, behauptete der Dekan der Unsichtbaren Universität. Andere hingegen meinten, daß der Sturz vom mehr als 200 Meter hohen Kunstturm etwas damit zu tun haben könnte. (*Voll im Bilde*)

7 Exquisitor Vorbis in *Einfach göttlich.*

8 Eine namenslose Opernhaus-Näherin[1] in *Mummenschanz.*

9 Die Hexe Aliss Steheviel, auch Schwarze Aliss genannt. Sie wird in mehreren Scheibenwelt-Büchern erwähnt.

10 Murune, einst König von Lancre, in *MacBest.* Offenbar fiel es ihm recht schwer, Freunde zu finden.

[1] Eine der seltenen Gelegenheiten, bei der eine Näherin wirklich nur eine Näherin ist und nicht zu Frau Palms Damen gehört.

Fakultät für WAHRE NAMEN

»Warum haben die Dinge ihre Namen?« Diese philosophische Frage bringt Ungewißheit und Gefahren mit sich. Nennen Sie plausible Erklärungen für die folgenden Scheibenwelt-Namen:

1 Ungebundene Alchimisten
2 Das Deosil-Tor
3 Walter Plinge
4 Sto Lat
5 Wir Sind Ganz Klar Zwerge (eine Band der Musik mit Steinen drin)
6 Ibid, Universalgelehrter und Philosoph
7 Lustgarten der Zauberer
8 Samstag
9 Koomtal
10 Amanita De Vice
11 Chrononhotonthologosstraße, Ankh-Morpork
12 Frau Rosie Palm, Eigentümerin des berühmten Hauses für käufliche Zuneigung in den Schatten

ANTWORTEN

1 United Artists, ein berühmtes Filmstudio. (*Voll im Bilde*)

2 Dieses Tor befindet sich auf der drehwärtigen Seite von Ankh-Morpork, nicht auf der sogenannten »entgegengesetzten«. *Deasil* beziehungsweise *deosil* ist ein altes schottisches Wort und bedeutet soviel wie die entgegengesetzte Richtung von »entgegengesetzt«. Die wortwörtliche Übersetzung lautet »sonnenwärts«. (*Die Farben der Magie*)

3 Walter Plinge ist einer von mehreren traditionellen Namen, die in Theaterprogrammen auftauchen, wenn Schauspieler aus irgendeinem Grund nicht unter ihrem wahren Namen auftreten wollen. Beim Opernhaus in *Mummenschanz* ist das der Fall, und außerdem gibt es dort einen echten Walter Plinge.

4 Ob Sie's glauben oder nicht: Es gibt ein polnisches Partylied, vergleichbar mit »For He's a Jolly Good Fellow«, das so beginnt: *Sto lat, sto lat, niech zyje, zyje nam:* »Hundert Jahre, hundert Jahre laßt ihn für uns leben.«

5 Bezieht sich auf eine nicht sehr bekannte Band, die sich »They Might Be Giants« nannte. (*Rollende Steine*)

6 *Ibid,* Kurzform von *ibidem* (ebenda). Dieser Hinweis findet sich in den Quellenangaben vieler Bücher und bedeutet, daß noch einmal Bezug auf das zuvor zitierte Werk genommen wird. Dieser ephebianische Philosoph scheint über alles Bescheid zu wissen. (*Pyramiden, Einfach göttlich*)

7 Im englischen Original ist von »Wizard's Pleasance« die Rede, was sich auf »Parson's Pleasure« in Oxford bezieht, eine abgezäunte Flußschleife, wo Universitätsangehörige das traditionelle Recht genießen, nackt zu baden. Im Gegensatz zu den Zauberern machten einige Leute Gebrauch davon, bis es Anfang der neunziger Jahre zu einem Verbot kam.

8 Baron Samstag, der in Gennua bei *Samedi Nuit Mort* tanzt (äh, gab es nicht mal eine Fernsehsendung namens *Saturday Night Live?*), ist Baron Samedi, Herr der Friedhöfe, *Loa* oder Geist des Todes, manchmal dargestellt als Zylinder auf einem

Kreuz – alles Elemente in dem berauschenden Voodoo-Gebräu von Frau Gogol. (*Total verhext*)

9 CWM – »Koom« (deutsch: Kuhm ausgesprochen) – ist das walisische Wort für Tal. Das Koomtal ist also ein Tal, das Tal heißt.

10 »Device« (*Lords und Ladies*) (etwa: Gerät, Apparat, Vorrichtung) ist einer der Nachnamen, der häufig auf mittelalterlichen Listen von Frauen vorkommt, denen man Hexerei zur Last legte. Dies gilt besonders für die bekannten »Lancashire Witches«[1] (die Hexen von Lancashire). Ein anderer Name lautet Knoblauch. Und auch Nutter: In *Ein gutes Omen* trägt eine der Romanfiguren ebenfalls den Namen Device. Der Vorname lautet nicht Amanita, sondern Anathema. Was Amanita betrifft: Wie ein Pilz mit halluzinogener Wirkung zu heißen, scheint gut zu einer Hexe zu passen.

11 Aus Henry Careys Stück *Chrononhotonthologos: The Most Tragical Tragedy, That Ever was Tragediz'd by Any Company of Tragedians* (1734). Das Werk ist eine starke Satire auf zuviel Rhetorik und Getue auf der Bühne. Sie enthält folgende denkwürdige Frage an den Helden: »Aldiborontiphoscophornio! Wo habt Ihr Chrononhotonthologos gelassen?«

12 Mit »Frau Palm und ihren fünf Töchtern« auszugehen (auch: Frau Palmer oder Frau Hand) ist ein alter Euphemismus für jene, die niemanden bekommen und die Sache, äh, selbst in die Hand nehmen.

[1] Lancashire. Lancre. Hmm. Vermutlich ist es reiner Zufall, daß ein berühmt-berüchtigter Hexenjäger und Verfolger insbesondere baskischer Frauen Pierre de Lancre hieß.

Fakultät für ESCHATOLOGIE

Hier etwas Leichtes. Identifizieren Sie diese letzten Zeilen von Scheibenwelt-Texten:

1 Keine Nacht dauert ewig.
2 Tod sah ihnen beiden nach.
3 »*Sie* haben die Flugzeugentführung über Chicago verhindert?«
4 Auch das war Zufriedenheit. Von einer gewissen Sorte.
5 Und eigentlich, fand Gaspode, hätte es viel schlimmer sein können.
6 Sie erzählten Geschichten über Helden.
7 Es blieb ihm auch gar nichts anderes übrig.
8 Das wäre wirklich ein Abenteuer…
9 »Es gehört sich einfach nicht.«
10 Das Schiff fiel durchs All, in die Kulissen.
11 Natürlich ist das nur eine Theorie. (Of course, it is only a theory…)
12 Was können Sie mehr verlangen?

Fakultät für Eschatologie

ANTWORTEN

1 *Der Zauberhut*
2 *Einfach göttlich*
3 *Die Scheibenwelt von A–Z*
4 *Eric*
5 *Helle Barden*
6 »Troll dich« (Kurzgeschichte)
7 *Die Farben der Magie*
8 »Die Kartographierung der Stadt« von Stephen Briggs, in *Die Straßen von Ankh-Morpork* (im beigefügten Heft)
9 »Gefährliche Possen« »Kurzgeschichte; die gleiche letzte Zeile in beiden Versionen)
10 *Strata.* Na schön, in diesem Roman geht es um eine andere Scheibenwelt, aber …
11 »Hier könnte es Drachen geben … und hier … und hier …« Im beigefügten Heft von *The Discworld Mapp.*
12 Terry Pratchetts Einführung zu Beginn des Buches.[1]

1 Ein *wirklich* gemeiner Quizmaster hätte bei 12 irgend etwas fragen und als Antwort vorsehen können: »Die Fragen-Sektion dieser Prüfungspapiere.« Sie sollten für dies hier dankbar sein.

Fakultät für Hellhören

Wer oder was spricht bei den verschiedenen Gelegenheiten?

1 QUIEK.
2 JEMAND VOLLZIEHT DEN RITUS VON ASHK…
3 ICH BIN GEKOMMEN, UM DICH ZU HOLEN.
4 »Glück.«
5 ICH BIN GEKOMMEN, UM DICH ZU HOLEN, DU SCHRECKLICHER SCHAUSPIELER.
6 »Ja, behandle mich grob… Fo hab ich'f gern!«
7 MEINE HERREN… ICH HABE EBENFALLS EINE KLINGE.
8
9 »Hätt-hätt-hätt.«
10 SPRICHT SO…

Fakultät für Hellhören

ANTWORTEN

1 Der Rattentod, *passim.* (Das war leicht.)
2 Ein besonders eindrucksvoller Mort am Ende seiner Lehrzeit. *(Gevatter Tod)*
3 Der Dämon Skrofulose, der Tod in *Die Farben der Magie* vertritt.
4 Ein veränderter Tod, vom Klang seiner eigenen Stimme überrascht. *(Gevatter Tod)*
5 Tomjon zeigt, wie Tod in Kapitälchen spricht. *(MacBest)*
6 Schneidguts Türklopfer, der zu Masochismus neigt und gern fest geklopft wird. *(Gevatter Tod)*
7 Susanne (Tods, äh, Enkelin), die Tod vertritt. *(Rollende Steine)*
8 Jeder Bewohner von Ankh-Morpork würde sofort die hallende Lautlosigkeit erkennen, mit der der Alte Tom schlägt, die gesprungene und aus Oktiron bestehende Glocke der Unsichtbaren Universität.
9 Das besondere Lachen von Herrn Clete, Sekretär der Musikergilde. *(Rollende Steine)*
10 Albert beschreibt Tod. *(Gevatter Tod)*
11 Ugh[1]

1 Meine Güte, wir haben die Frage vergessen, aber sie dürfte eindeutig aus der Antwort hervorgehen. Für die richtige Frage gibt es einen Bonuspunkt.

Fakultät für INDISPONIERTES

Wer oder was könnte von folgenden Krankheiten betroffen sein?

1 Die Plage des Frosches
2 Rotes Schnaufen
3 Zickzack-Kehle
4 Die Weiße Seuche
5 Hölzerne Euter
6 Brennendes grünes Feuer im Bauch, heißes Blei in den Knochen, Blasen auf der Haut und Skorpione, die das Gehirn von innen her auffressen.
7 Faulige Fäulnis
8 Magrat Knoblauch verabreicht ihnen Süßen Wurmsamen.
9 Schwarzer Widder
10 Hydrophobie
11 Wollfäule
12 Auf tragische Weise von einem wild gewordenen Elefanten zertrampelt zu werden.

ANTWORTEN

1 Personen im Alten Königreich von Djelibeby irgendwann während des vergangenen Jahrhunderts. Es sollte darauf hingewiesen werden, daß es ein recht großer Frosch war, der sich in den Belüftungsschächten verbarg und sowohl der königlichen Familie als auch dem Personal wochenlang den Schlaf raubte. *(Pyramiden)*

2 Kühe *(Mummenschanz)*

3 Sumpfdrachen *(Wachen! Wachen!)*

4 Alle Bewohner von Pseudopolis während des letzten Abschnitts von *Die Farben der Magie.* Trotz eines bereits gut gefüllten Terminkalenders mußte Tod diese Stadt aufsuchen und durch ihre Straßen wandern.

5 Ziegen in den Spitzhornbergen. Sie bekommen keine zusätzlichen Punkte, wenn Sie Geißen ausschließen, obwohl wir die Mühe zu schätzen wissen. *(Das Erbe des Zauberers)*

6 Rein theoretisch (und dem innigen Wunsch eines Schiffskapitäns entsprechend) eine Gruppe angreifender klatschianischer Sklavenpiraten. Rincewinds ausgeprägtes magisches Ungeschick sorgte allerdings dafür, daß der Wunsch des Kapitäns unerfüllt blieb – niemand litt auf die beschriebene Weise. Sie bekommen einen Punkt für die eine oder andere Antwort. *(Der Zauberhut)*

7 Kohl. Beglückwünschen Sie nie einen Bauern der Sto-Ebene, wenn sein Kohl hübsch reif und gelb aussieht – es ist ein deutliches Zeichen der Fauligen Fäulnis. *(Rollende Steine)*

8 Personen, die an Ohrenentzündung leiden: Magrat glaubt fest daran, daß sich Süßer Wurmsamen durch eine universale Heilkraft auszeichnet. *(MacBest)*

9 Erneut Sumpfdrachen. Sie leiden auch an Flammenloser Kolik, Schieferkehle, Trockenlunge, Schauder, Schwanker, Werfer und Schlepper, Großes Heulen, Steine, Ziemliche-Unordnung-schaffendes-Explodieren und vielen anderen Krankheiten. *(Wachen! Wachen!)*

10 Die Zauberer von Krull. Von Geburt an werden sie an dehydriertem Wasser ausgebildet, bis ihr Abscheu allem Flüssigen gegenüber zu einer physischen Kraft wird. Allein mit der Macht ihres Ekels können sie Regenwolken vertreiben oder schweben, allerdings nur über Wasser. Sie sterben jung, weil sie die eigene Körperflüssigkeit verabscheuen. *(Die Farben der Magie)*

11 Die Wollfäule befällt nur trächtige Schafe. Es ist ein weiteres Beispiel für die Ungerechtigkeit des Lebens und der Natur, daß der Wunderhund Gaspode daran leiden mußte. *(Helle Barden)*

12 Wer Zweifel daran äußerte, daß der Herzog von Sto Helit rechtmäßigen Anspruch auf den Thron von Sto Lat erheben durfte, mußte feststellen: Es kann ansteckend sein, von wild gewordenen Elefanten zertrampelt zu werden.[1] *(Gevatter Tod)*

1 In *MacBest* konnte es ansteckend sein, mit einem Dolch im Rücken eine Treppe hinunterzufallen. Mit solch einer Krankheit muß man rechnen, wenn man zum falschen Zeitpunkt die falschen Dinge sagt.

Fakultät für Verborgene Verbindungen

Wer oder was ist eine mögliche Scheibenwelt-Verbindung von…

1 Galileo?
2 Mr. Justice Cocklecarrot und die zwölf rotbärtigen Zwerge?
3 Andrew Lang?
4 Gollum?
5 Den Science Fiction-Autoren Thomas M. Disch und John T. Sladek?
6 Hl. Simon Stylit?
7 Hans Christian Andersens empfindlichster Prinzessin?
8 Dem Roman *Erewhon* von Samuel Butler?
9 Albertus Magnus?
10 Herman Bondi, Thomas Gold und Fred Hoyle?

Fakultät für Verborgene Verbindungen

ANTWORTEN

1 »Aber sie bewegt sich«, soll Galileo gesagt haben, nachdem ihn die Inquisition zwang, dem Glauben abzuschwören, daß sich die Erde um die Sonne dreht. Aber er sprach die Worte ganz leise *und* auf italienisch aus *(Eppur si muove)*. Andernorts im Multiversum geht die Quisition der Kirche des Großen Gottes Om hart ins Gericht mit Ketzern, die

behaupten, die Scheibenwelt sei flach und werde von vier Elefanten getragen, die auf dem Rücken einer Schildkröte stehen (was tatsächlich der Fall ist). Freidenker wie der Philosoph Didaktylos sagen: »Die Scheibenwelt bewegt sich.« *(Einfach göttlich)*

2 Rincewind der Zauberer. Der erste Träger dieses Namens in der modernen Literatur war Churm Rincewind, einer von zwölf rotbärtigen Zwerge, die Mr. Justice Cocklecarrot in den dreißiger Jahren (und später) plagten, und zwar in den von Beachcomber (J. B. Morton) verfaßten Zeitungskolumnen mit dem Titel *Übrigens (By the Way).* Es hätte schlimmer kommen können. Die anderen Zwerge hießen: Sophus Barkayo-Tong, Amaninter Axling, Farjole Merrybody, Guttergorm Guttergormpton, Badly Oronparser, Cleveland Zackhouse, Molonay Tubilderborst, Edeledel Edel, Scorpion de Rooftrouser, Listenis Youghapt und Frums Gillygottle. Übrigens: In *Die Farben der Magie* plant Rincewind an einer Stelle, »die Straße nach Chirm« zu nehmen.

3 Andrew Lang gab einige Sammlungen von Märchen heraus. Das erste Buch hieß *The Blue Fairy Book* (1889), und es folgten weitere Farben. Auf der Scheibenwelt gibt es *Das oktarine Märchenbuch. (Die Farben der Magie)*

4 Viele Leser kniffen argwöhnisch die Augen zusammen, als in *Total verhext* ein namenloses, graues, schleimiges Geschöpf im unterirdischen Fluß auftaucht, zum Boot der Hexen schwimmt und verkündet: »'allo. 'eute issst mein Geburtssstag.« Das Wesen nannte keine weiteren Einzelheiten, was vielleicht auch besser ist.

5 Disch und Sladek arbeiteten zusammen an dem 1968 erschienenen satirischen Thriller *Black Alice* (Schwarze Alice). Die legendäre, sehr mächtige und glücklicherweise tote Scheibenwelt-Hexe Aliss Steheviel würde auch »Schwarze Aliss« genannt.[1]

1 Ein echter Zufall, wie Terry Pratchett erstaunt meint. Ihm fiel nur auf, wie häufig der Name Alice auf den mittelalterlichen Listen der Hexenverfolgungen auftauchte, und er fügte ihm ein »Black« hinzu.

6 St. Ungulant in *Einfach göttlich* ist das Scheibenwelt-Äquivalent der Styliten (4. bis 6. Jahrhundert nach Christus) und anderen Heiligen, die dem Weltlichen abschworen und ihr Leben auf einer Säule oder einem Pfahl verbrachten – nicht unbedingt eine Aktivität, die das geistliche Wohlbefinden der Welt verbessert.

7 Die Heldin von Andersens »Die Prinzessin auf der Erbse« beweist ihre königliche Empfindlichkeit, weil sie wegen einer Erbse unter 20 Matratzen und 20 Federbetten nicht schlafen kann. Auf der Scheibenwelt lassen sonderbare morphische Resonanzen Prinzessinnen existieren, die so adelig sind, daß sie eine »Pampelmuse durch ein Dutzend Matratzen« spüren können (Albert in *Gevatter Tod*). Eine weitere Anspielung steckt in *Wachen! Wachen!*. Sie bekommen einen zusätzlichen Punkt, wenn Sie beide Bücher genannt haben.

8 Butlers imaginäres Land Erewhon ist ein Anagramm und entspricht fast genau dem rückwärts buchstabierten Begriff »Nowhere« (Nirgends). In *Die Farben der Magie* ist kurz vor »Ecalpon« die Rede, woraus rückwärts buchstabiert »Noplace« (Nirgends) wird.

9 Auf der Scheibenwelt gibt es einen ähnlich gelehrten und berühmten Mann namens Alberto Malich, Gründer der Unsichtbaren Universität und später Diener in Tods Haus. *(Gevatter Tod, Rollende Steine)*

10 Bondi, Gold und Hoyle postulierten das stationäre Weltmodell, das die Existenz des Weltalls ohne Urknall erklärt. Auf der Scheibenwelt gehen die Gegner der Urknalltheorie davon aus, daß die Schildkröte Groß-A'Tuin aus dem Nichts gekommen ist und ihren Weg ins Nichts mit gleichmäßigem Kriechen beziehungsweise mit beständigem Schreiten fortsetzt.

Fakultät für Kuriositätiges

Wer oder was ist bei den jeweiligen Aufzählungen fehl am Platz?

1 Raufer, Kriecher, Schleier, Hahn, Schnauzer.
2 Galder Wetterwachs, Knallwinkel, Münze, Mustrum Ridcully.
3 Galder Wetterwachs, Tethis, Korporal Nichtgebrauch, Weems.
4 Die älteste Eintagsfliege, Exquisitor Vorbis, Deccan Ribobe, Drum Billet.
5 Glod, Karotte, Winzig, Obergefreiter Knuddel.
6 Glod, Gimli aus *Der Herr der Ringe,* Alberich aus *Die Nibelungensage* und Rumpelstilzchen aus *Grimms Märchen.*
7 Glod, Glod, Glod, Glod, Glod, Glod.
8 Ein großer Troll & Einige Andere Trolle, Die Band Mit Steinen Drin, Wir sind eine Mist-Band, Hohe Zwerge, Uhnd Andere Kapellen, Die Kleckse.
9 Lutsch, Heimlicher Stoff, Uhnd Andere Kapellen, Die Wem, Hohe Zwerge, Bleiballon.
10 Die Kleckse, Lutsch, Heimlicher Stoff, Uhnd Andere Kapellen, Die Wem, Bleiballon.

ANTWORTEN

1 Mit der Ausnahme von Schleier sind es alles Bezeichnungen für männliche Sumpfdrachen in einem bestimmten Alter. *(Wachen! Wachen!)*

2 Alles Erzkanzler der Unsichtbaren Universität, meinen Sie überrascht? Sehen Sie in *Das Licht der Phantasie* nach: In diesem Buch wird Wetterwachs erstaunlicherweise als Kanzler bezeichnet und *nicht* als Erzkanzler.[1] (*Stimme des Lesers:* »Wie pedantisch!«)

3 Alle verschwanden auf sehr verdächtige Weise unweit der gefräßigen Truhe. Nur Tethis in *Die Farben der Magie* gelang es, sie wieder zu verlassen.

4 Alle sterben am Anfang eines Scheibenwelt-Romans – ausgenommen Vorbis, der unter allgemeinem Beifall am Ende von *Einfach göttlich* stirbt.

5 Alle sind Zwerge (Karotte ist zwar ziemlich groß, aber *ehrenhalber* ein Zwerg), mit Ausnahme von Winzig *(Das Licht der Phantasie).* Er ist ein Gnom und gilt daher als niedere[2] Lebensform.

6 Alle sind Zwerge, mit Ausnahme von Gimli, denn Tolkien schrieb den englischen Plural von »dwarf« (Zwerg) immer als »dwarves« – dieser Neologismus wird auf der Scheibenwelt sorgfältig vermieden.

7 Ein halber Punkt für jede Antwort in der Art von: »Niemand von ihnen; es ist ein traditionelles Trinklied der Zwerge, niedergeschrieben von jemandem, der nicht richtig buchstabieren kann.« Ein Punkt für die Vermutung, einer der Glods sei der Hornspieler Glod Glodsson in *Rollende Steine* und die anderen das Resultat eines falsch wiedergegebenen Zauberspruchs, der Dinge in Gold verwandeln sollte und statt

1 Im nachhinein wurde dies korrigiert. In *Lords und Ladies* wird an einer Stelle erwähnt, daß Galder ein Vetter von Oma Wetterwachs ist (dem sie nie begegnet ist), und dabei wird er zum Erzkanzler befördert.

2 Größe etwa fünfzehn Zentimeter.

dessen einen ganz anderen Zwerg verärgerte, weil dieser mehrmals dupliziert wurde. *(Total verhext)*

8 In *Rollende Steine* ist nur Wir Sind Eine Mist-Band nie der Name einer Band, die wirklich Musik mit Steinen drin spielt.

9 Alles unterschiedliche Namen der gleichen schrecklichen Gruppe, mit Ausnahme von Hohe Zwerge.

10 Alles Namen der gleichen Gruppe, aber nur unter der Bezeichnung Uhnd Andere Kapellen hatten sie wirklich einen Bühnenauftritt.

Fakultät für NUMEROLOGIE

Nur wenige Leute wissen, daß es auf der Scheibenwelt ein interessantes Zähllied gibt. Bei der höchsten Zahl heißt es zum Beispiel: »Ich singe dir zwölf, braun fließt das Wasser des Ankh… Was ist bei dir zwölf? Zwölf für dies oder hab Dank…« Und zum Schluß: »Eins ist eins ist Groß-A'Tuin und wird es auch immer bleiben.« Vervollständigen Sie auf diese Weise die unten angegebenen Zeilen und bringen Sie sie in die richtige Reihenfolge. (Die Reime sind, falls überhaupt vorhanden, eher schlecht.[1])

? Steinerne Tänzer.
? Pflugochsen.
? Schemen an der Wand.
? Spelzdinkels Stufe.
? Voll im Bilde.
? Bücher der Propheten.
? Schläge gegen neun.
? Kubikzentimeter Mäuseblut.
? Monat Asche.
? Rincewinds Zahl.
? Schnell malende Dämonen.
? Leg Herrn Zwiebel rein.

1 Die Sänger sollen darüber hinwegtäuschen, indem sie unmäßig laut sind und viel trinken.

ANTWORTEN

Zwölf für die Schläge gegen neun. Beim Ball in Gennua schlägt es schon um neun Mitternacht, weil Nanny Ogg und Casanunda den Uhrmechanismus manipuliert haben. *(Total verhext)*
Elf für den Monat Asche – der 11. von insgesamt 13 Monaten auf der Scheibenwelt. *(Die Scheibenwelt von A–Z)*
Zehn für Voll im Bilde – das war der zehnte Scheibenwelt-Roman.
Neun für Leg Herrn Zwiebel rein – neun Karten in Folge übertreffen eine Große Zwiebel im Kartenspiel »Leg Herrn Zwiebel rein«. *(Total verhext)*
Acht für die acht steinernen Tänzer – die Lancre-Steine in *Lords und Ladies.*
Sieben-A für Rincewinds Zahl – seine Zimmernummer in der Unsichtbaren Universität. Sieben plus eins oder zweimal vier bringt Zauberern Unglück.
Sieben für die Sieben Bücher der Propheten – das Septateuch. *(Einfach göttlich)*
Sechs für die Schemen an der Wand – die vom Drachen verbrannten Straßenräuber in den Schatten. *(Wachen! Wachen!)*
Fünf für Zauberer Spelzdinkels Stufe – der Zauberei. *(Der Zauberhut)*
Vier Kubikzentimeter Mäuseblut – für den Ritus von AshkEnte (die vereinfachte Version).
Drei Pflugochsen – Drei Pflugochsen ist der Name einer Romanfigur in *Echt zauberhaft.*
Zwei schnell malende Dämonen in einem Bildkasten – in *Voll im Bilde* malen zwei Dämonen die einzelnen Bilder, während vier weitere kräftig pusten, damit sie trocknen.
Eins ist eins ist Groß-A'Tuin und wird es auch immer bleiben – aber dafür bekommen Sie keinen Punkt.

Fakultät für UNHEIMLICHE SYNCHRONIZITÄT

Wer oder was in unserer Welt ist das Original folgender Personen und Geschöpfe:

1 Der Blut-und-Schleim-Gott Bel-Shamharoth in *Die Farben der Magie.*
2 Herr sogenannter Wunder Maurice und seine Gehorsamen Nagetiere in *Alles Sense.*
3 Lord Vetinari von Ankh-Morpork.
4 Die Herzogin von Lancre in *MacBest.*
5 Imp y Celyn von der Band Mit Steinen Drin.
6 *Vom Winde weggeweht* in *Voll im Bilde.*
7 Der Gesang der Zertretenen Spirale in (in 66-Megalith-Steinkreisen) *Das Licht der Phantasie.*
8 Das gräßliche Buch *Liber Paginarum Fulvarum.*
9 Krösus, Serif und Al Khali in *Der Zauberhut.*
10 Der Hüter des Portals des Silbernen Schirms in *Voll im Bilde?*

Fakultät für Unheimliche Synchronizität

ANTWORTEN

In gewisser Weise handelt es sich in allen Fällen um Fangfragen mit dem gleichen Trick. Terry Pratchett wäre aus gutem Grund sehr über die Behauptung verärgert, er nähme sein Material einfach von X oder Y oder Z. Die Scheibenwelt-Theorie in bezug auf Geschichten geht von folgender Annahme aus: Wenn jemand hier und jemand *dort* eine gewisse Ähnlichkeit haben, so liegt das nicht etwa daran, daß der eine den anderen imitiert; vielmehr sind es zwei Beispiele des gleichen morphischen Dingsbums, das sich zum erstenmal in einem primordialen, einzelligen Organismus zeigte.

Wenn Ihre Antwort also »Niemand« lautete, so bekommen Sie alle Punkte. Aber Prüfer mögen keine Klugscheißer, und was sie fälschlicherweise von Ihnen erwarten, war dies:

1 H. P. Lovecrafts Cthulhu oder einer seiner gräßlichen Verwandten wie zum Beispiel Azathoth oder Yog-Sothoth. Wenn Ihre Antwort *Ph'nglui mglw'nafh Cthulhu R'lyeh wgah'nagk fhtagn* lautete, verlieren Sie einen halben Punkt wegen Angeberei.
2 Der Rattenfänger von Hameln
3 Sie bekommen einen halben Punkt, wenn Sie a) einen de Medici oder b) Machiavelli genannt haben. Wenn Sie bei a) keinen halben Punkt erzielen, so bedeutet das: Sie haben Terry Pratchetts Einführung zu Beginn dieses Buches nicht gelesen und sollten sich was schämen!
4 Lady Macbeth[1]
5 Mist, der Name lag mir auf der Zunge! Es *muß* doch einen Rockstar geben, dessen Name so ähnlich klingt wie Stechpalmenknospe beziehungsweise Bud of the Holly...
6 *Vom Winde verweht*
7 Ein Computerprogramm
8 Eine weitere raffinierte Frage. Irdische Studenten ritueller Magie sind erstaunlich schlecht informiert, was (wörtlich übersetzt) das *Buch der gelben Seiten* angeht.
9 Der Ruhm des Omar Khayyá von *Rubáiyát,* aber ohne das Talent. Sie bekommen einen Bonuspunkt, wenn Sie den legendären Krösus genannt haben. Erstaunlicherweise heißt

1 Ihr Vorname lautete Gruoch, was auf schottische Fröhlichkeit und hintergründige Kokette-rie schließen läßt.

es auch auf der Scheibenwelt »reich wie Krösus« – ein weiteres Beispiel für morphische Resonanzen.

10 Jemand meinte, diese kleine Statue hätte bemerkenswerte Ähnlichkeit mit Onkel Oskar. Oder hieß er Oswald … Osric … Osbert …?

Fakultät für Parazoologie

Hier geht es um die manchmal recht sonderbaren Geschöpfe der Scheibenwelt und ihre Lebensräume…

1 Frißt sich so schnell durch die Nahrung, daß er auf der anderen Seite herausschnellt und von der Wand abprallt.
2 Existiert nur in zwei Dimensionen und verspeist Mathematiker.
3 Der Intimus einer Hexe; trug den interessanten Namen Leichtfuß.
4 Ein scheuer, graubrauner Vogel aus der Wasserhuhn-Familie.
5 Ein Vierbeiner, dessen Verhalten Soldaten nachahmen sollen, wenn sie in die Schlacht ziehen.
6 Auf fatale Weise verrückt nach Haferschrot und Spickel.
7 Ernähren sich vom Inhalt erstklassiger Bücher und hinterlassen kleine, dünne Bände literarischer Kritik.
8 Offiziell ein dunkler, gefährlicher Geist, schwarz und der größte, den Nanny Ogg je gesehen hat – »und ich *habe* einige gesehen, das könnt ihr mir glauben!«
9 Drei Jahre nach der unangenehmen Begegnung mit einem Werwolf kam der Straßenräuber Bundo Prung in einem fernen Land ums Leben, als ihm ein solches Geschöpf auf den Kopf fiel.
10 Biß immer wieder nach dem Deodorantfläschchen.

ANTWORTEN

1 Der Bücherwurm vom Kaliber 303. *(Pyramiden)*
2 Die Beschattende Deckspelze. *(Helle Barden)*
3 Eine Schildkröte, unglaublich alt und in viele Geheimnisse eingeweiht – das behauptete jedenfalls der Verkäufer seiner Kundin Magrat gegenüber. *(MacBest)*
4 Quaker – so heißt es jedenfalls im *Lexikon seltsamer Wörter, die einem Tränen in die Augen treiben. (Wachen! Wachen!)*
5 Der Schwingende Fuchs von Lancre. *(Lords und Ladies)*
6 Ratten – Fra Flinkwerts immer funktionierendes Rezept. *(Alles Sense)*
7 Critter – relativ harmlose Bewohner des B-Raums (B wie Bibliothek). *(Wachen! Wachen!)*
8 Legba, Frau Gogols schwarzer Hahn – das einzige Tier, das jemals ein Blick-Duell mit dem schrecklichen Kater Greebo gewonnen hat. *(Total verhext)*
9 Ein Gürteltier *(Helle Barden)*
10 Medusas Achselschlangen. Stellen Sie sich solche Wesen anstelle Ihrer eigenen Achselhaare vor.[1] *(Rollende Steine)*

1 Lassen Sie Ihrer Phantasie jetzt *nicht* freien Lauf.

Fakultät für GASTROLOGIE

Erneut einige einfache Fragen, mit denen Sie Punkte sammeln können. Identifizieren Sie die, äh, Dinge, um die es in den Fragen geht.

1 Seltsamerweise dazu geeignet, beim Betrachten von Klickern verspeist zu werden. (Man braucht dafür einen Schmelztiegel Modell Drei und ein wenig Öl.)
2 Mit ballistischer Geschwindigkeit geworfen, betäubte dieses geruchtsintensive Objekt eine Fledermaus, die mehr war, als es den Anschein hatte.
3 Von Ardrothy Langstab auf dem Hiergibt'salles-Platz verkauft, stecken angeblich voller Persönlichkeit.
4 Das einzige Rezept in Nanny Oggs Buch, bei dem es nicht um… Dinge geht. (»Nein, das stimmt nicht ganz…«)
5 Wenn man es buchstabiert, kann man kaum damit aufhören.
6 Sehr haltbare Produkte, die den Namen von Kapitän Achtpanther tragen.
7 Die Variante mit einer bekannten Zutat kostet fünfzig Prozent mehr als die mit einer unbekannten.
8 Ein verlockender Duft ging davon aus und wurde auf einem hundertfünzig Meter über dem Boden fliegenden Felsen wahrgenommen.
9 Was sich ein irrer Zauberer erhoffte, als man ihm alle weltlichen und sinnlichen Genüsse seiner Träume versprach.
10 Angeblich hilft sie dabei, im Dunkeln zu sehen – und sorgt gleichzeitig dafür, daß es etwas zu sehen gibt.

ANTWORTEN

In diesem Abschnitt ging es ganz offensichtlich um Eßbares (mehr oder weniger):

1 Knallkörner *(Voll im Bilde)*
2 Eine Knoblauchwurst, traditionell ein gutes Mittel gegen Vampire. *(Total verhext)*
3 Schweinepasteten *(Der Zauberhut)*
4 Haferbrei. Aber er enthielt Nanny Oggs spezielle Honigmixtur. *(Mummenschanz)*
5 Bananen. Oder Bananananananen. Und so weiter. *(Mummenschanz)*
6 Kapitän Achtpanthers Roggenplätzchen – Kekse so hart wie Diamantholz. *(Die Farben der Magie)*
7 Im Curry-Garten von Ankh-Morpork: »Curry mit unbekanntem Fleisch 10c, Curry mit bekanntem Fleisch 15c.« *(Rollende Steine)*
8 Gebratener Schinken *(Das Licht der Phantasie)*
9 Kartoffeln, am liebsten in Form von Püree. Ja, natürlich, es kommt niemand anders in Frage als Rincewind. *(Echt zauberhaft)*
10 Nanny Oggs Mohrrüben-und-Austern-Pastete. *(Lords und Ladies)*

Fakultät für HEUREKA!

Welche Scheibenwelt-Romane beschreiben folgende interessante Erfindungen (bzw. sehr ähnliche Dinge)?

1 Das Elektronenblitzgerät
2 Der Post-itTM-Zettel
3 Die bessere Mausefalle
4 Ein funktionierendes Mikroskop
5 Düsenflug mit Überschallgeschwindigkeit
6 Der Panzer
7 Der hydraulische Widder
8 Eine Überwachungskamera
9 Unterschwellige Werbung
10 Penizillin

Fakultät für Heureka!

ANTWORTEN

1 *Die Farben der Magie.* Man benutzt besonders intensiv stimulierte Salamander.
2 *Helle Barden.* Der Große Erfinder Leonard da Quirm stellte aus gekochten Nacktschnecken einen geeigneten Klebstoff her.
3 *Voll im Bilde.* Einzelheiten der besseren Mausefalle sind unbekannt, weil 1000 Elefanten sofort einen Trampelpfad zur

und durch die Tür des Erfinders anlegten. Dieses wissenschaftliche Prinzip wurde zum erstenmal von Ralph Waldo Emerson im 19. Jahrhundert formuliert: »Wenn jemand ein besseres Buch schreibt, eine bessere Predigt hält oder eine bessere Mausefalle baut als sein Nachbar, so wird die Welt selbst dann einen Trampelpfad zu seiner Tür schaffen, wenn er sein Haus mitten im Wald errichtet hat.«

4 *Rollende Steine.* Ein Gerät, mit dem Stibbons dem Erzkanzler Ridcully zeigte, wie unglaublich viele kleine Tiere in einem Tropfen Wasser aus dem Fluß Ankh leben. Ridcully meint daraufhin: Etwas, das eine so große Vielfalt von Leben ermöglicht, muß sehr gesund sein.

5 *Wachen! Wachen!* Der Sumpfdrache Errol verändert sein Flammen erzeugendes Verdauungssystem so, daß sich eine ungewöhnliche Körperöffnung in eine Art Düsentriebwerk verwandelt. (Tods Pferd kann natürlich schneller sein, falls es notwendig wird, aber soweit bekannt, braucht es keine Düsen.)

6 Einen halben Punkt, wenn Sie *Einfach göttlich* und Urns Dampfwagen, die Bewegliche Schildkröte, genannt haben. Einen ganzen Punkt für Lavaelous' Weiterentwicklung der Tretmühle der Hölle in *Eric.*

7 *Pyramiden.* Eine Analogie, die zu erklären hilft, wie Pyramiden Zeit entgegen ihrer natürlichen Strömung pumpen.

8 *Das Licht der Phantasie.* Sie dürfte etwas moderner sein, als es die gegenwärtige Technik der Scheibenwelt erlaubt. Tauchte nur im magischen Leben auf, der das Multiversum durchstreift.

9 *Voll im Bilde.* Schnapper nahm die Wirksamkeit unterschwelliger Bilder zum Anlaß, gleich fünf unterschwellige Minuten lang einen Teller mit Rippchen in Hargas spezieller Erdnußbuttersoße zu zeigen…

10 *Lords und Ladies.* Magrat macht sich Sorgen wegen der möglichen Entzündung einer Wunde und bittet den Koch um schimmeliges Brot. Dies ist ein echtes Beispiel für Volksmedizin, die wissenschaftliche Kenntnisse vorwegnimmt. Jahrhunderte vor Sir Alexander Fleming hielten europäische

Hausfrauen schimmeliges Brot bereit und verwendeten feuchte Scheiben davon bei Umschlägen. Mit etwas Glück enthielt die improvisierte Kultur Penizillin. Allerdings konnte der Schimmel auch krebserregende Stoffe enthalten. (Das Buch *The Wordsworth Dictionary of Medical Folklore*, herausgegeben von Carol Ann Rinzler, ist in dieser Hinsicht interessanter Lesestoff.)

Fakultät für LINGUISTIK

Wie würden Sie die folgenden esoterischen (entschuldigen Sie bitte mein Klatschianisch) Begriffe aus den angegebenen Sprachen übersetzen?

1 Achatenes Piktogramm: *Urinierender Hund*
2 Ankh-Morporkianisch: *Wampe*
3 Trollisch: *Oograah*
4 Allgemeines Ausländisch: *Olé!*
5 Archaisches Ank-Morporkianisch: FABRICATI DIEM, PVNC
6 Eine andere Art des Ausländischen: *Der Flabberghast*
7 Dialekt des Runden Meers: Skund (wie in »Wald von«)
8 Tier: »Ugh!«
9 Altomianisch: *Cuius testiculos habes, habeas cardia et cerebellum*
10 Zwergisch: *Schlimme Beleidigung, nach Intervention des Komitees Gleiche Höhe Für Zwerge aus diesem Buch gestrichen.*[1]

1 Ach, und wenn schon: *B'zugda-hiara.*

ANTWORTEN

1 Ein Ausrufezeichen, möglicherweise doppelt und unterstrichen. *(Einfach zauberhaft)*

2 »Eine Art Schürze, die von bestimmten Uhrmachern getragen wird«, wie es im *Lexikon seltsamer Wörter, die einem Tränen in die Augen treiben* heißt. Zu den schrecklichen Strafen, die bei den »Aufgeklärten Brüdern der völlig schwarzen Nacht« gebräuchlich sind, gehört es zum Beispiel, die Wampe des Sünders mit vielen Haken entzweizureißen und sein Wabbel[1] an einer Lanze aufzuspießen. *(Wachen! Wachen!)*

3 Vegetation – *jede* Vegetation. Daher die Verwirrung, als Rubin dem verliebten Detritus vorschlägt, er solle ihr hübsches *Oograah* (Blumen) schenken, woraufhin er ihr einen riesigen entwurzelten *Oograah* (Baum) bringt. *(Voll im Bilde)* Andererseits kennen Trolle 5400 Ausdrücke für Steine.

4 »Mit Milch.« *(Alles Sense, Total verhext)*

5 Motto der Nachtwache: »Zu schützen und zu dienen.« (Feldwebel Colons Übersetzung in *Wachen! Wachen!*)

6 »Die Fledermaus.« Zu Terry Pratchetts Überraschung auch übersetzt als »ein Wort aus einem Dudley Moore-Song in *Beyond the Fringe,* 1961« – allerdings heißt es dort *Die Flabberghast.* Nicht viele Leute wollen darüber Bescheid wissen. *(Totel verhext)*

7 »Dein Finger, du Narr!« *(Das Licht der Phantasie)*

8 »Der Prüfer muß damit rechnen, daß sein Kopf von einem verärgerten *Affen* ziemlich heftig gegen Decke, Wände und Boden gestoßen wird, weil er das T-Wort benutzt hat.«

9 Offizielle Übersetzung: »Wenn man ihre Aufmerksamkeit fest im Griff hat, so sind Herz und Verstand ebenfalls bei der Sache.«

10 »Rasenschmuck«

1 Lesen Sie die Fußnote in dem Exemplar von *Wachen! Wachen!*, das Sie verbotenerweise in den Prüfungsraum geschmuggelt haben.

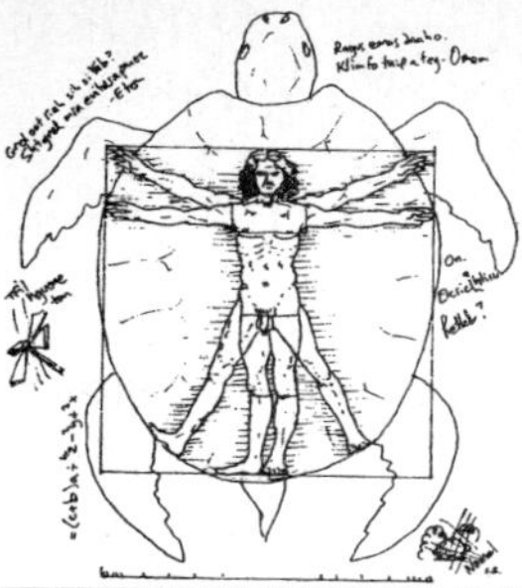

Fakultät für
AKRONYMIK

Was haben die unten angegebenen Zeichenfolgen zu bedeuten?

1 F J M R F D B-U-S-G B-S, A-M
2 MSDOS
3 X
4 N (Wie in: »Ich sage nicht das N-Wort.«)
5 AFP
6 S.m.e.d.B.a.
7 LEM
8 TWA
9 XXXX
10 α-Ω
11 &U
12 TMSIDR

Fakultät für Akronymik

ANTWORTEN

1 Für junge Männer reservierter Fanklub des Blut-und-Schleim-Gottes Bel-Shamharoth, Ankh-Morpork. *(Pyramiden, Rollende Steine)*
2 Mallificarum Sumpta Diabolicite Occularis Singularum – in *Eric* das Buch Der Letzten Kontrolle. Was denn sonst?

3 Das X steht für »jemanden, der einen coolen und aufregenden zweiten Vornamen hat«. *(Mummenschanz)*

4 Vermutlich »nimmermehr«, denn immerhin ist der Sprecher ein Rabe, dessen angeblicher Eigentümer ihn »Sprach« (Quoth) nennt.[1] *(Rollende Steine)*

5 Meine Güte, es mußte irgendwo erwähnt werden: alt.fan.pratchett, die Usenet-Newsgroup, in der man über diese Dinge redet.

6 Schlitze-mir-ehrenvoll-den-Bauch-auf Schnapphala, einer von Treibe-mich-selbst-in-den-Ruin Schnappers morphischen Klonen. *(Echt zauberhaft)*

7 Lieblichkeitsgesellschaft Einsamer Männerherzen – wird in *Das Licht der Phantasie* erwähnt, allerdings nicht als Akronym.

8 Drei Fliegende Hexen (Three Witches Airborne) in *Total verhext.* Keinen Punkt für die Nennung des Etiketts mit der »mächtigen Reiserune TWA«, die Truhe in *Die Farben der Magie* an Bord eines irdischen Flugzeugs fand – immerhin haben wir nie erfahren, was es damit auf sich hat. Ähem.

9 *Terra Australis Incognita* oder jede andere plausible Umschreibung.[2]

10 Alpha bis Omega, wie von »A bis Z«: der Handelsname einer vor Ort produzierten Straßenkarte von Ankh-Morpork. *(Echt zauberhaft.)*

11 Im englischen Original »& DU«. Ein morphisches Echo von »you too« oder »U2«. *(Rollende Steine)*

12 Vermutlich wäre Treibe-mich-selbst-in-den-Ruin nötig, um diese Frage zu beantworten… Keinen Punkt für die Antwort »Trolle machen Sch… in diesem Roman«, denn solche Ausdrücke gehören sich hier nicht.

1 Wer schwermütig über das niedrige Niveau der heutigen Bildung nachdenkt, ist von folgendem Hinweis sicher nicht überrascht: Poes bekanntes Gedicht »Der Rabe« inspirierte Roger Corman zu einem Film, in dem es heißt: »Sprach der Rabe: ›Nimmermehr‹«. Doch bestimmt wissen nur wenige Leser, was es mit dem N-Wort wirklich auf sich hat…

2 Zwar zeichnet sich XXXX durch gewisse australische Elemente aus, aber auf der flachen Scheibenwelt gibt es natürlich keine australe bzw. südliche Richtung. XXXX ist auch bekannt (in *Echt zauberhaft* und auf der offiziellen Karte) als *Terror Incognita.*

Fakultät für Hysteron-Proteron

Auf einem legendären und vielleicht auch mythischen Testbogen für Philosophie an der Universität Oxford sollen folgende Worte gestanden haben: »Ist dies eine Frage?« Angeblich lautete die beste Replik: »Nein, aber dies ist eine Antwort.« Nun, in diesem Abschnitt stehen keine Fragen – eben die sollen Sie finden.

1 Es hält sie fest und zeigt ihnen Bilder seiner Kinder, bis die Gehirne der Hilflosen explodieren.
2 OH, DAS IST GANZ EINFACH: ICH NEHME SIE AUS DEM BEUTEL.
3 Eine kleine Karte mit vier Löchern drin.
4 Rincewind: »Oh, ich kenne es.«
5 Das ist eine von diesen Persönlichkeitsfragen, nicht wahr?
6 Niemand hat es mir gesagt… Ich denke schon.
7 Schon besser. Jetzt verhältst du dich so, wie man es von dir erwartet.
8 Ponder Stibbons.
9 So angenehm wird's nicht werden, aber…
10 Ein Ort in Wiewunderland, nicht wahr?
11 Mit welcher Ente?
12 Frau Kuchen

ANTWORTEN

1 Welche Methode benutzt das Monstrum Tshup Aklathep, die gräßliche Sternenkröte mit einer Million Jungen, um seine Opfer zu Tode zu folgern? *(Voll im Bilde)*

2 Mort fragt Tod: »Woher nimmst du all die Münzen?« *(Gevatter Tod)*

3 2 x 2? So wird der Universitätscomputer Hex programmiert. *(Rollende Steine)*

4 Ridcully fragt Rincewind: *»Lieber Himmel, was ist das für ein Ding mit den vielen Beinen?« (Echt zauberhaft)*

5 Oma Wetterwachs: »Angenommen, ich teile dir mit, daß deine Hütte brennt, Gytha Ogg. Was würdest du als erstes herausholen wollen?« *(Mummenschanz)*

6 Rincewind fragt einen Baum: »Bist du magisch?« *(Das Licht der Phantasie)*

7 Susanne fragt Ridcully: »Warum habt ihr mich beschworen?« *(Voll im Bilde)*

8 Prüfungsfrage der Unsichtbaren Universität: »Wie heißt du?« *(Voll im Bilde)*

9 Bethan fragt Wert und /oder Rincewind: »Wir werden von Dingen gefressen, die Tentakel anstelle von Gesichtern haben, nicht wahr?« *(Das Licht der Phantasie)*

10 Brutha fragt Om: »Hast du jemals etwas von Ethik gehört?« *(Einfach göttlich)*

11 Raten-Sie-mal-wer fragt den Entenmann: WARUM BIST DU MIT DER ENTE UNTERWEGS? *(Rollende Steine)*

12 Auf der Scheibenwelt gibt es eine Pensionsleiterin, deren Präkognition recht eigenwillig sein kann und die mit diesem Abschnitt überhaupt keine Probleme hätte. Wie heißt sie?

Fakultät für
KONTINUUM-ONTOLOGIE

Füllen Sie die leeren Stellen folgender Sequenzen aus:

1 2, 2, 58 %, 94 %, ...
2 Heilige Hose, Rote Kordeln des Intellekts, Räder der Qual, ..., Rauchfässer des Schicksals.
3 *DFDM, DLDP, GT, DZ, ..., EZ.*
4 Zorn, Eifersucht, Gemeinheit, ..., Dietrich.
5 91, 73, 68, 37, ...
6 Aquädukt, Angelschnur, Wehr, Damm, ...
7 1433, 1456, 1463, ..., 1470, 1690.
8 Augenmus, Kleberwurst, Bratkartoffeln mit Schimmelsoße, Eintopf »Allesrein«, ..., Blutsaugerbrei, Leckerknödel, Hachsenbrötchen.
9 8, 8te, 8, 8te, 8te, ..., 8te.
10 Skillet, ..., ..., ..., ..., Patel.

Fakultät für Kontinuum-Ontologie
ANTWORTEN

1 0,0 – aus Magrats persönlicher Bestandsaufnahme, ihre Arme, Beine, Existenzangst, vage Schuld und Hexenpotential betreffend. *(Lords und Ladies)*
2 Achsen der universellen Zitrone – aus der Liste der rituellen

Objekte bei den Aufgeklärten Brüdern. *(Wachen! Wachen!)*

3 *E* – Titelinitialen der Scheibenwelt-Romane mit Rincewind.

4 Begierde – so lauten die Vornamen einiger Fuhrmann-Söhne in *Lords und Ladies* und *Mummenschanz*. (Ihre Eltern hatten völlig falsche Vorstellungen von der Angemessenheit von Namen, nachdem sie die Töchter Hoffnung, Keuschheit, Vernunft und Barmherzigkeit genannt haben.)

5 19 – Alberts Countdown der Tage, die seine Lebensuhr noch anzeigt. *(Rollende Steine)*

6 Brücke – Rincewinds Versuche, ein Kartenspiel zu nennen, das er als »Ding über einem Fluß« bezeichnet. Er kam nicht bis zu diesem Wort, aber es lag gewissermaßen auf der Hand (bzw. auf der Zunge). *(Das Licht der Phantasie)*

7 1465 – Änderungen des Gesetzes über Lizenzen (Hygiene) in Ankh-Morpork. *(Wachen! Wachen!)*

8 Schleimige Klöße – aus einer Liste von Köstlichkeiten, die im Buch *Willkommigt in Ankh-Morpork, Statte der tausend Ühberraschungen* genannt werden. *(Helle Barden)*

9 7 – siehe den Anfang von *Der Zauberhut.*

10 Wang, Yrxle!yt, Bunglestiff, Cwmlad – die Inhaber des magischen Ladens in *Das Licht der Phantasie*, die auf dem Türschild genannt sind. Angesichts der besonderen Umstände bekommen Sie bereits einen Punkt, wenn Sie wenigstens zwei dieser Namen nennen konnten.

Fakultät für HELLHÖREN II

Und noch einmal: Wer oder was spricht bei den verschiedenen Gelegenheiten? Überlegen Sie gut.

1 JA.
2 *Wenn du mich zurückweist… Wer soll dir dann sagen, was du zu tun hast?*
3 ICH BIN IMMER DABEI.
4 It's not that, then?
5 DAS BEZWEIFLE ICH… ICH BIN IHM NIE BEGEGNET.
6 *Setz mich auf den Boden und tritt zurück.*
7 NUN, DER TOD VERÄNDERT DIE DINGE. SAGT MAN JEDENFALLS… (Wer spricht, ist klar – aber in welchem Buch?)
8 *I. Soll Ich Sie Alle Zermalmen?*
9 GIB ES UNS.
10 *Du gehörst mir. Wir brauchen ihn nicht mehr.*

Fakultät für Hellhören II

ANTWORTEN

1 Azrael. Die recht großen Großbuchstaben bieten einen Hinweis. *(Alles Sense)*
2 Der verstorbene Zauberer Allesweiß der Rote und/oder sein Zauberstab, in der Schlußphase von *Der Zauberhut.*

3 Tod. Aber Sie bekommen keinen Punkt, wenn Sie nicht darauf hingewiesen haben, daß es keineswegs der Tod der Scheibenwelt ist, sondern der unserer Erde, so wie er in der Kurzgeschichte »Turntables of the Night« auftritt.

4 Pestilenz in *Der Zauberhut* sprach diese Worte nicht mehr kursiv so wie den Rest seines Textes – das gilt zumindest für die britischen Ausgaben bei Gollancz (Hardcover) und bei Corgi (Taschenbuch). Zugegeben: eine schwierige Frage für den deutschen Leser.

5 Tod. Aber Sie bekommen keinen Punkt, wenn Sie nicht darauf hingewiesen haben, daß es der Tod unserer Erde ist, wenn auch auf einer anderen Version von ihr, und zwar in *Ein gutes Omen.* Mit »ihm« ist übrigens Elvis Presley gemeint.

6 Die Lady (das Glück), als sie sich in Gestalt eines Frosches manifestierte. *(Die Farben der Magie)*

7 Tod in … nein, nicht in *Gevatter Tod*, sondern in der stark veränderten Comic-Version von *Gevatter Tod (Mort).*

8 Om. *(Einfach göttlich)*

9 Die Dinge in den Kerkerdimensionen zu Esk. *(Das Erbe des Zauberers)*

10 Die vielleicht nur imaginäre, lautlose Stimme des Gfährs. *(Helle Barden)*

Fakultät für MODERNE GESCHICHTE

1 Welches gräßliche Bild nahm der magische Bildkasten im ungeheuerlichen Tempel des Blut- und Schleim-Gottes Bel-Shamharoth auf?

2 Wo gibt es eine Treppe, deren Stufen eine durchschnittliche Höhe von 1,08 Zoll haben?

3 Wer war der größte Mathematiker auf der Scheibenwelt?

4 Wo würden Sie nach Zimmer 3B suchen?

5 Wie lange blieb das Oktav in der Truhe?

6 Wer war auf der Scheibenwelt der größte Geschichtenerzähler aller Zeiten?

7 Warum heißt der Park »Hide Park«?

8 Was wurde strafrechtlich verfolgt, weil es während der Amtseinführung des Nervösen Herzogs Hargath das Licht verdunkelte?

9 Welches Naturphänomen übte stundenlang vor einem Gletscher?

10 Wie viele Weltwunder gibt es auf der Scheibenwelt?

11 Wie groß ist das stehende Heer des Königreichs Lancre?

12 Was betrachten Zauberer als niedrigste Stufe bei Anwendern *echter* Magie?

Fakultät für Moderne Geschichte

ANTWORTEN

1 Rincewinds Daumen *(Die Farben der Magie)*

2 Sie verlieren einen Punkt für Vermutungen, die den Absolut Bekloppten Johnson betreffen. Der Kunstturm der Unsichtbaren Universität ist 800 Fuß und hat 8888 Stufen, woraus folgt …

3 Das Kamel Du Mistvieh in *Pyramiden.*

4 Die Unsichtbare Universität ist der richtige Ort, um danach Ausschau zu halten, obwohl die Suche nach dem Zimmer 3B erfolglos bleiben muß. Dort finden all die Vorlesungen statt, die weder von Studenten noch von Professoren besucht werden. *(Echt zauberhaft)*

5 »Im vergangenen Jahr verspeiste Truhe ein Zauberbuch. Sie schmollte drei Tage lang und spuckte es dann wieder aus«, sagt Tincewind in *Der Zauberhut.* Wir gehen hier davon aus, daß es sich um das gleiche Zauberbuch handelte …

6 Copolymer aus Ephebe. Unvergeßlich bleibt seine Erzählung des Trojanischen Krieges in der Scheibenwelt-Version: »Der Soundso kam auf die Idee, der Hinker. Ich meine den Kerl, der dauernd hinkt. Mit den Beinen, um ganz genau zu sein. Habe ich ihn bereits erwähnt? Es kam zu einem Kampf. Nein, ich glaube, das war der andere. Ja. Nun, das hölzerne Schwein, wirklich eine tolle Idee. Sie stellten es aus Dingsbums her, liegt mir auf der Zunge, ja, aus Holz …« *(Pyramiden)*

7 Ein »Hide« war das Land, das von einem Mann mit dreieinhalb Ochsen an einem regnerischen Donnerstag gepflügt werden konnte. *(Rollende Steine)*

8 Eine kleine Wolke, die sich vor die Sonne schob. Sie wurde zum Tod durch Steinigung verurteilt, und 31 Menschen starben bei dem Versuch, das Urteil zu vollstrecken. *(Wachen! Wachen!)*

9 Ein sehr ehrgeiziger Sturm in *MacBest.*

10 »Mehr Als Sieben.« *(Pyramiden)*

11 Das stehende Heer von Lancre besteht aus einer Person – Shawn Ogg – und wird nachts zu einem liegenden Heer. *(Lords und Ladies)*

12 Thaumaturgen, ungebildete Nichtsnutze, denen man kaum zutrauen kann, einen Destillierkolben auszuwaschen. Sie erledigen die schmutzige und gefährliche Arbeit, werden zum Beispiel losgeschickt, um Alraunen zu sammeln. Hexen zählen nach Ansicht von Zauberern nicht. *(Das Erbe des Zauberers)*

Fakultät für KURIOSITÄTIGES II

Und noch einmal: Wer oder was ist bei den jeweiligen Aufzählungen fehl am Platz?

1 Ghul, Werwolf, Zwerg, Banshee, Troll.
2 Ghul, Banshee, Vampir, Troll, Zombie.
3 *Die Geflickte Trommel, Ziege & Busch, Der Eimer, Der Silberne Aal, Scharlachroter Blutsauger.*
4 *Die Gebrochene Trommel, Fröhlicher Kohl, Kopf der Königin, Die Geflickte Trommel, Kopf des Herzogs.*
5 Kieselschiefer, Tethis, Kwartz, Bauxit, Jaspis, Schutt.
6 Stinkender Alter Ron, Offler der Krokodilgott, Herr Ixolit, Schneidguts Türklopfer, Karnies-über-dem-Breiten-Weg.
7 Tod, Oktagramm-Acht, Die Wichtigkeit-Sich-Die-Hände-Zu-Waschen, Himmelskuppel, Glücksrad.
8 Oktiron, Kring, Steine mit Löchern drin, Rincewind, die Spitzhornberge.
9 Wabbel, Gaskin, Zappelnicht, Wampe.
10 Wampe, Zappelnicht, Gaskin, Wabbel.

Fakultät für Kuriositätiges II

ANTWORTEN

1 Nur Banshees werden in *Helle Barden* nicht als nützliche Erweiterung der Nachtwache von Ankh-Morpork angesehen und aufgenommen. (Das dient *auch* dazu, Gruppen, die für die Rechte von Minderheiten eintreten, zu besänftigen.)

2 Alle in Reg Schuhs Klub des neuen Anfangs (»Tot? Niedergeschlagen? Möchtest du noch einmal von vorn beginnen?«) vertreten, mit Ausnahme von Trollen. *(Alles Sense)*

3 Alles Tavernen der Scheibenwelt, mit Ausnahme des *Silbernen Aals,* der aus einem ganz anderen fiktiven Universum stammt (Fritz Leibers Nehwon).

4 Auch in diesem Fall sind alles Scheibenwelt-Tavernen, aber nur der *Fröhliche Kohl* hat allein diesen einen Namen. (Die beiden *Trommeln* sind die gleiche Taverne, was auch für die beiden *Köpfe* gilt.)

5 Es sind alles Trolle. Tethis aus *Die Farben der Magie* ist deshalb ungewöhnlich, weil er keinen »steinigen« Namen hat, aber immerhin ist er ein Meerestroll. In der griechischen Mythologie war Tethys Gattin des Okeanos und gebar 3.000 Söhne (alle Flüsse der Welt) sowie 3.000 Töchter (eine Wassernymphe pro Fluß). Tethys und Okeanos scheinen sich wirklich sehr gut verstanden zu haben.

6 Nur der Stinkende Alte Ron leidet an einer Sprachstörung. (Probleme mit dem Gehirn stehen hier nicht zur Debatte.)

7 Es sind alles Karok-Karten, mit Ausnahme des Glücksrads, das (wie Tod) zu unseren Tarot-Karten gehört, allerdings (im Gegensatz zu Tod) noch nicht als Scheibenwelt-Karte erschienen ist.

8 Alle sind magischer Natur, mit der offensichtlichen Ausnahme von Rincewind.[1]

1 Das ist offiziell und allgemein bekannt. Gewisse Ereignisse in *Das Licht der Phantasie* und *Der Zauberhut* könnten Einwände provozieren, aber diese Anomalien können leicht erklärt werden: im einen Fall durch *den* Zauberspruch, im anderen durch die allgegenwärtige Präsenz kreativer Magie.

9 Ja, sie alle kommen im gleichen Satz in *Wachen! Wachen!* vor, und angeblich stehen alle Namen im *Lexikon seltsamer Wörter, die einem Tränen in die Augen treiben.* Aber »Gaskin« stammt aus dem englischen Original (im Deutschen »Quaker«) und so heißen auch »Frau Schenkel« (Mrs. Gaskin, *Helle Barden)* und »Herbert Humpel« (Herbert Gaskin, *Die Scheibenwelt von A – Z).* Siehe auch die nächste Antwort.

10 Ja, es sind die gleichen Wörter wie bei der letzten Frage, und Sie dürfen alle Antworten von 9 und 10 als austauschbar betrachten. Allerdings können wir es hier noch etwas komplizierter machen, indem wir auf die jeweiligen englischen Begriffe zurückgreifen: Welchet, Moules, Gaskin, Figgin. Im Gegensatz zu »Welchet« sind Figgin(s), Gaskin und Moules im *Oxford English Dictionary* enthalten, wenn auch mit etwas anderen Definitionen als im Lexikon seltsamer Wörter, die einem Tränen in die Augen treiben.

Fakultät für PARAPSYCHOLOGIE

Öffnen Sie Ihren Geist dem Unendlichen. Spannen Sie die astralen Muskeln und denken Sie über folgende Rätsel nach, die aus den Sphären jenseits von Raum und Zeit stammen:

1 Wer würde falsche falsche Bärte tragen?
2 Wenn es auf der Scheibenwelt so etwas wie einen Großen Gre gäbe – was wäre das wohl?
3 Wie würden Sie einem guten Freund einen ordentlichen Drink spendieren?
4 Warum führten die Götter einen äonenlangen Kampf gegen die Eisriesen?
5 In welcher Beziehung stehen Einkaufszentren und Städte?
6 Wie viele verschiedene Oktagramme gibt es im mystischen Ching Aling der Scheibenwelt?
7 Wie kann ein Zauberer feststellen, ob ein Pilz eßbar ist oder nicht?
8 Was löst Spirkel auf?
9 Was läßt sich unmöglich zählen, auch wenn es nur ein Exemplar davon gibt?
10 Wo starb ein adliger Komet, als ein Prinz über den Himmel raste?

ANTWORTEN

1 Fakultätsmitglieder der Unsichtbaren Universität, wenn sie sich verkleidet Klicker ansehen – wobei die Verkleidung darin besteht, die echten Bärte zu tarnen. Der Dozent für neue Runen erklärt es so: Nimm zwei Stücke Draht, schiebe sie in den Backenbart hinein und schlinge sie recht auffällig um die Ohren – dann sieht man aus wie jemand, der einen sehr schlechten falschen Bart trägt. *(Voll im Bilde)*

2 Wahrscheinlich ein Sumpf. Auf der Scheibenwelt gibt es den Großen Nef, woraus umgekehrt buchstabiert »fen« (Sumpfland) wird – das Gegenteil davon ist eine trockene Wüste. Beim Großen Gre hieße es umgekehrt »erg« (Sandwüste), und das Gegenteil davon ist ein Sumpf.

3 Frau Kuchen »tötet« ein Glas Whisky, indem sie es ansteckt. Dadurch bekommt ihr Ektoplasmafreund Gelegenheit, den Geist des Alkohols zu genießen.

4 Die Eisriesen hatten sich geweigert, den geliehenen Rasenmäher zurückzugeben. Außerdem lehnten es die Eisriesen auch noch ab, die Lautstärke ihres Radios herunterzudrehen. *(Das Licht der Phantasie)*

5 Raubtier und Beute, was in *Alles Sense* und einer seltsamen Provinz namens Britannien, die nicht auf der Scheibenwelt liegt, deutlich wird.

6 Gute Frage! Sie bekommen einen Punkt, wenn Sie von folgenden Überlegungen ausgegangen sind: Die Hexagramme des irdischen I-ching nutzen alle Möglichkeiten, die 6 Linien bieten, woraus sich 2^6 oder 64 Muster ergeben. Also sollte das Ching Aling logischerweise 2^8 oder 256 Oktagramme enthalten. Doch der Text von *Gevatter Tod* widerspricht dieser Vermutung: »Oktagramm 8.887«, sagte der Zauberer Schneidgut. Einen Punkt für die Antwort »mindestens 8.887«. Und zwei Punkte für beide Antworten.

7 Ungenießbare Pilze haben kleine Fenster und Türen. *(Das Licht der Phantasie)*

8 Hypaktische Flüssigkeit[1] *(Das Erbe des Zauberers)*
9 Der sehr schüchtere Markierungsstein in einem gewissen Moor in den Spitzhornbergen. *(MacBest)*
10 Im sagenhaften Eissystem von Zeret, über das wir sonst absolut nichts erfahren. *(Die Farben der Magie)*

1 Bitte fragen Sie nicht, was hypaktische Flüssigkeit ist.

Fakultät für EXISTENTIELLE ANOMALIEN

Was ist auf hintergründige (oder auch nicht) Weise bei den folgenden Feststellungen falsch?

1 In Schwarz-Oroogu lautet das Substaniv, das »Kohl« bedeutet, *N'pong.*

2 »Mögen die Götter dieses Haus segnen.«

3 »Wir vollziehen den Ritus von AshKente, in Ordnung?« *(Alles Sense)*

4 ICH HABE DICH IN PERSEPOLIS ERWARTET. FÜNFHUNDERT MEILEN VON HIER ENTFERNT.

5 »Rincewind ... hatte nie gesehen, wie jemand durch Magie getötet wurde.« *(Der Zauberhut)*

6 Zweiblum hatte keinen Geruchssinn und staunte darüber, daß Rincewind die Stadt Ankh-Morpork sofort an ihrem Gestank erkennen konnte, kaum daß sie dort waren. *(Das Licht der Phantasie)*

7 Das bekannteste Bühnenstück des genialen Dramatikers Hwel heißt *Dinge, die in einer Sommernacht geschahen.*

8 Zweiblum erinnert sich daran, als Kind im *Oktarinen Märchenbuch* alles über Drachen gelesen zu haben.

9 Tod streckte einen knöchernen Finger aus und hielt das Herz des Mannes an.

10 Das Tor der Assassinengilde steht immer offen.

ANTWORTEN

1 In Schwarz-Oroogu gibt es keine Substantive und nur ein Adjektiv, das obszön klingt. *(Die Farben der Magie)*

2 Eigentlich heißt es: »Mögen die Götter dieses Hauses segnen.« Magrat hatte Probleme mit der Grammatik. *(Lords und Ladies)*

3 Solche Dinge sind sehr unangenehm, aber leider kommen sie vor. In der ersten (Orginal-) Ausgabe von *Reaper Man (Alles Sense)* heißt der Ritus nicht AshkEnte, sondern AshKente. Ähnlich verhält es sich mit Lavaeolus *(Eric),* der in *Pyramids (Pyramiden)* Lavaelous hieß. Der Troll Chrysoprase (Chrysopras) hieß auch Chrysophrase. Und die berühmten Wahooni in *Moving Pictures (Voll im Bilde)* wird in *The Discworld Companion (Die Scheibenwelt von A – Z)* zur Wahoonie. Der Grund dafür sind natürlich Quanteneffekte. Wenn Sie das zu sehr beunruhigt, sollten Sie Ihre Dosis an getrockneten Froschpillen erhöhen.

4 Eigentlich ist die Stadt Psephopololis gemeint. In der Comic-Version von *Die Farben der Magie* ist hier die Rede von Persepolis, einer Stadt auf der Erde und nicht auf der Scheibenwelt.

5 Um ganz genau zu sein: Rincewind hat gesehen, wie mehrere Wächter des Serifen keine 20 Seiten vorher auf recht scheußliche Weise der Magie zum Opfer gefallen sind, aber vielleicht leidet er an Gedächtnisschwund.

6 Früher in dem Buch fiel es Zweiblum nicht schwer, den Geruch von gebratenem Schinken zu identifizieren. Aber bei den vielen Abenteuern verlegte er seinen Geruchssinn vielleicht irgendwo auf den ereignisreichen Seiten.

7 Er hielt diesen Titel für uninteressant und nannte das Stück *Die Zähmung der Wühlmaus. (Lords und Ladies)*

8 Nach *Die Farben der Magie* entspricht das der Wahrheit, doch es gibt da ein Problem, denn immerhin stammt Zweiblum aus dem Achatenen Reich. Aus *Echt zauberhaft* geht hervor, daß

erfundene Geschichten und auch die meisten Tatsachenberichte dort verboten sind. Gelehrte der Scheibenwelt erklären dies mit einem Phänomen namens *amnesia auoctris* bzw. künstlerischer Freiheit.[1]

9 Ein sehr ungewöhnliches Verhalten von Tod. Normalerweise tötet er nicht selbst und begegnet den Sterbenden mit Anteilnahme. Vielleicht mußte er sich erst noch einarbeiten. *(Die Farben der Magie)*

10 Offiziell ist das Tor der Assassinengilde immer geöffnet, weil der Tod rund um die Uhr arbeitet. Insider wissen jedoch, daß die Angeln schon vor Jahrhunderten verrostet sind, ohne daß jemand etwas dagegen unternommen hat. So heißt es jedenfalls in *Pyramiden.* Aber in *Helle Barden* hat offenbar jemand das Ölkännchen gefunden, denn das Tor ist geschlossen, als Karotte und Mumm das Gebäude nach einer wichtigen Konfrontation verlassen.

1 Terry Pratchett weist ausdrücklich darauf hin, daß die Scheibenwelt-Chronik ohne Widersprüche ist. Aber da die Realität dort sehr dünn sein kann, existieren vielleicht alternative Vergangenheiten.

Fakultät für VERBORGENE VERBINDUNGEN II

Bei wem oder was erkennen Sie eine – wenn auch noch so vage – Scheibenwelt-Verbindung?

1 Der Autor Gatson Leroux
2 Der alte Heimcomputer Sinclair Spectrum
3 Kasperletheater
4 Äschylus
5 Geheimagenten
6 Rasputin
7 The Greatful Dead
8 John Milton
9 *Animal Man* und *Doom Patrol*
10 Mae West

Fakultät für Verborgene Verbindungen II

ANTWORTEN

1 Leroux schrieb den Roman *Das Phantom der Oper* (1911), auf dessen Grundlage Lon Chaney seinen berühmten Stummfilm drehte – auf den der Pilot von *Mummenschanz* immer wieder zurückgreift. Selbst Tod ist dabei mit von der Partie, indem er eine »Maske des Roten Todes«-Version des Phantomkostüms trägt, als er dem Bösewicht nachstellt.

2 Die in den Spectrum integrierte Systemvariable »Ramtop« wurde aus irgendeinem Grund zum Namen eines berühmt-berüchtigten magischen Gebirges auf der Scheibenwelt. (Zumindest in der englischen Version der Scheibenwelt-Romane. Im Deutschen sind die Ramtop Mountains als »Spitzhornberge« bekannt.)

3 Das zentrale Thema der Kurzgeschichte »Gefährliche Possen«. Sie bekommen keinen Punkt für folgende Antwort: »Neil Gaiman schrieb einmal einen Roman mit Terry, und einer von Neils Comics, den er mit Dave McKean verfaßte, hieß *The Tragical Comedy of Comical Tragedy of Mr Punch* (1994), und ...« (Mr. Punch ist der britische Kasperle.)

4 Legenden berichten, daß der altgriechische Tragiker Äschylus starb, als ein Adler unvorsichtigerweise eine Schildkröte auf seinen Kopf fallen ließ. Sehen Sie sich den Schluß von *Einfach göttlich* an ...

5 Die Geheimagenten der Stadtwache von Ankh-Morpork in *Mummenschanz* gehören zur Sondergruppe Ankertaugasse (die auch in *Hohle Köpfe* erwähnt wird).

6 Das schlimme Ende von Murune, einst König von Lancre *(MacBest)* – es wird an anderer Stelle in diesem äußerst nützlichen Buch beschrieben (siehe Seite 29) –, erinnert an die Maßnahmen, die russische Konservative im Jahr 1916 ergriffen, um Rasputins Einfluß auf die Zarin Alexandra einzudämmen. Man versuchte, ihn zu vergiften, schoß zweimal auf ihn, fesselte ihn und stieß ihn durch ein Loch in der Eisdecke der zugefrorenen Newa. Er ertrank.

7 Das Totenschädel-und-Rosen-Logo der Band Greatful Dead wird in *Rollende Steine* wiedergegeben, als Tod mit dem »Motorrad« des Bibliothekars durch ein Rosenbeet rast und den Weg mit einer Rose zwischen den Zähnen fortsetzt.

8 Milton ließ sich stark von Terry Pratchetts Titel *The Light Fantastic (Das Licht der Phantasie)* beeinflussen. Mindestens zweimal benutzte er diesen Begriff in seinen Gedichten: In *L'Allegro* (1632, »On the light fantastic toe«) und *Comus* (1634, »In a light fantastic round«).

9 So heißen Comics, die Graham Higgins gezeichnet hat, dem wir auch *Mort: Der Scheibenwelt-Comic* verdanken.

10 Rubins schlagfertige Antwort in *Voll im Bilde* wurde von Rock so übersetzt: »›Ist dies das legendäre Zepter des Magmas, einst König der Berge, Zerschmetterer von Tausenden, ja, sogar von Zehntausenden, Fürst von dunklen Orten und Sieger über viele Feinde …‹« – Rock holte tief Luft –, »›… in deiner Tasche, oder bist du nur froh, mich zu sehen?‹«

Fakultät für Diskographie

Wie sollten die folgenden Ausdrücke und Sätze verändert werden, damit sie im Scheibenwelt-Idiom mehr Sinn ergeben?

1 Griechisches Feuer
2 Das Mardi-Gras-Festival im alten New Orleans
3 *Ex Africa semper aliquid novi.*
4 Troygewicht
5 Die Chinesische Mauer
6 »War dies das Gesicht, das tausend Schiffe in See stechen ließ und die dachlosen Türme von Ilium verbrannte?«
7 Selbst alle Parfüme von Arabien können seine kleine Hand nicht attraktiver gestalten.
8 »Geh und sag den Spartanern, du, der du vorbeigekommen bist, daß hier wir liegen und achten ihre Gesetze.«
9 Kunstvoll behauene aztekische Obsidianmesser
10 Walisische Männerchöre
11 Fürchte die Griechen, wenn sie mit Geschenken kommen.
12 »Vierundzwanzig Jungfrauen/Kamen aus Heniger./Und als der Ball vorüber war,/Gab es vierundzwanzig weniger.«

Fakultät für Diskographie

ANTWORTEN

1 Ephebianisches Feuer
2 Dicker Mittag in Genua[1] *(Total verhext)*
3 Es gibt immer etwas Neues aus dem Wiewunderland. (Im englischen Original: »Howondaland«. Oder auch »Howandaland«. Scheibenwelt-Namen leiden manchmal an der Unschärferelation.)
4 Tsortgewicht. Werfen Sie einem Ladeninhaber in Ankh-Morpork nie vor, er gäbe ihnen Tsortgewicht.
5 Die Sehr Lange Mauer Um das Achatene Reich.
6 Ersetzen Sie »Ilium« durch »Tsort«.[2] Sie bekommen jeweils einen halben Bonuspunkt für die folgenden zusätzlichen Antworten: a) »Ja, es war das Gesicht der Elenor von Tsort, aber nur in metaphorischer Hinsicht.« b) »Nein, es war Rincewind, als er über Truhe stolperte und die Öllampe fallen ließ.« *(Eric)*
7 Das ganze Toilettenwasser von Klatsch … äh …, etwas in der Art.
8 »Geh und sag den Ephebern …« So weit kommt der Sergeant, als er nach einigen berühmten Letzten Worten sucht und sich dabei vage an Sparta und die Thermopylen erinnert. *(Pyramiden)*
9 Kunstvoll behauene tezumanische Obsidianmesser, oder so.
10 Llamedosianische Chöre mänllicher Stimmen. Kenner wissen, daß es sich bei dem doppelten L nicht um einen Satzfehler handelt, sondern vielmehr um einen Teil des Akzents. *(Rollende Steine)*

1 Es findet auch ein Feuerwerk statt, bei dem man Klatschianische Kerzen bestaunen kann.

2 Sie bekommen keinen Punkt, wenn Sie Pseudopolis genannt haben, obgleich Tod in *Gevatter Tod* sagt: IST DIES DAS GESICHT, DAS TAUSEND SCHIFFE IN SEE STECHEN LIESS/UND DIE DACHLOSEN TÜRME VON PSEUDOPOLIS VERBRANNTE? Aus der Scheibenwelt-Karte geht hervor, daß Pseudopolis nicht in der Nähe von Tsort liegt … Ach, was soll's – nehmen Sie sich einen halben Punkt.

11 »Ich fürchte die Ephebianer, inbesondere dann, wenn sie verrückt genug sind, verdammt großes Holzvieh auf ihrer Türschwelle zurückzulassen …« *(Pyramiden)*

12 »… vestalische Jungfrauen, Sie kamen aus Heliodeliphilodelphiboschromenos, Und als der Ball zu Ende ging …« Aus dem allseits bekannten Trinklied *Der Ball von Philodelphus.* Den Rest des Textes kennen wir leider nicht. Dies könnte ein interessantes Forschungsprojekt für Ihre Ferien sein! *(Eric)*

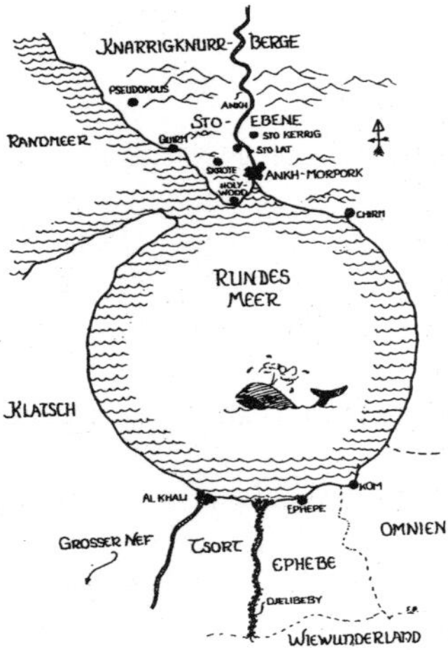

Fakultät für Kontinuum-Ontologie II

Füllen Sie noch einmal die leeren Stellen folgender Sequenzen aus:

1 EBVDJ, DBDT, DBDNS, …
2 Schachbretthersteller, Zwiebelverkäufer, …, Leute mit Zinnallergie.
3 Eingeweid' voller Gift, …, …, Pavianshaar, Alraune …
4 »Höchst vergnüglich«, »Ich würde gern deinen Fuß essen«, »Hallo, denkt der Herr purpurne Katze«, »Deine Frau ist ein großes Nilpferd«, …
5 Grün wie Erbrochenes, unaussprechliches Braun, Nikotingelb, lll
6 Ashonai, Ebiris, Urshoring, Kvanti, Pythan, N'gurad, lll
7 1514, 1553, 1557, 1562, …
8 Drei Beine einer Nichse, das Haar einer Schildkröte, die Zähne eines Truthahns und …
9 Chimäranisch, hochborograwianisch, Wangelmescht, Sumtri, …
10 Morporkianisch, Wangelmescht, Ephebisch, Laotanisch, …

ANTWORTEN

1 DBD101DDEJBK – Abschnittsüberschriften in *Pyramiden.*

2 Produzenten von Gipsfiguren mit geringer religiöser Bedeutung – solche Leute assoziiert man mit Rincewinds Sternbild: Die Kleine Langweilige Gruppe Basser Sterne. *(Das Licht der Phantasie)*

3 Vollkornweizen und auch Linsen (zu des Kessels Binsen) – Ingredienzen bei der Drei-Hexen-am-Hexenkessel-Szene in *MacBest.* Der entschlossene Einfluß von Magrat läßt alles politisch ein wenig korrekter werden.

4 »Mit besonders viel siedendem Öl!« – So etwas kann der allgemeine Touristenausdruck »Aargh!« in anderen Sprachen bedeuten. *(Echt zauberhaft)*

5 Prothesen-Rosarot – die universellen Farben, wie man sie insbesondere in Behörden, Anstalten und gewissen Instituten vorfindet. *(Das Erbe des Zauberers)*

6 Feringomalee – die ersten sieben Worte des Zauberspruchs, der aus dem Oktav entkam. Glücklicherweise wird Rincewind abgelenkt, bevor er das Sieben-plus-eins-te sagen kann. *(Die Farben der Magie)*

7 1568 – das Jahr, in dem die Herrschaft der einzigen königlichen Vampirin von Lancre begann, Königin Grimnir der Pfählerin. Und sie begann erneut. Und noch einmal … *(MacBest)*

8 Die Flügel einer Schlange – Besenbeils Beschreibung einer Chimäre. *(Der Zauberhut)*

9 Schwarz-Oroogu – mit diesen Sprachen versucht es Rincewind erfolglos bei der ersten Begegnung mit Zweiblum. *(Die Farben der Magie)*

10 »Und einige andere …« An mehr der sieben Sprachen, die Teppich angeblich in der Schule der Assassinengilde gelernt hat, erinnert er sich nicht. *(Pyramiden)*

Fakultät für PSEUDONYMIE

Nennen Sie eine andere Bezeichnung für die folgenden Begriffe:

1 Der Große Zauberer
2 Die Gefederte Boa
3 Eine Hexe aus Lancre
4 Fee Gänseblümchen
5 Junge
6 Errol
7 Lucy Tockley
8 Faust
9 Bengy »Flinkfuß« Boggis
10 Leute, die Musikinstrumente aus zerstrümmerten Schaufenstern nehmen.

Fakultät für Pseudonymie

ANTWORTEN

1 Rincewind. Unter diesem Namen ist er den halbherzigen achatenen Revolutionären bekannt.[1] *(Echt zauberhaft)*

1 »Möge den Unterdrückern bei passender Gelegenheit Unangenehmes widerfahren!«

2 Quezovercoatl, gefürchteter, aber recht niedlicher Dämonengott des Tezumanischen Reiches. *(Eric)*

3 Nanny (Gytha) Oggs Autorenpseudonym für das Kochbuch in *Mummenschanz.*

4 Oma Wetterwachs, die von Magrat mit der kaum überzeugenden Identität einer Blumenfee ausgestattet wurde. *(Total verhext)*

5 Mort in *Gevatter Tod.*

6 Gutjunge Bündel Federstein von Quirm, außergewöhnlicher Sumpfdrache, aber angeblich nicht für die Zucht geeignet. *(Wachen! Wachen!)*

7 Diamanda. *(Lords und Ladies)*

8 Eric – die entsprechende Korrektur ist auf dem Buchtitel ganz deutlich zu erkennen.

9 Bruder Finger. *(Wachen! Wachen!)*

10 Plühnderer. *(Das Licht der Phantasie)*

Fakultät für HELLHÖREN III

Und noch einmal: Wer oder was spricht, schreit, kreischt usw. bei den verschiedenen Gelegenheiten?

1 Kwesta!? Maladetta!!
2 Froooilein … Magraaat … Knoooblauch!
3 Anchal onnt er ierer un edet it ir.
4 Manchmal muff man ein Rifiko eingehen.
5 Zum – – – – auch! Ein – – – – Zauberer. Ich *hasse* – – – – Zauberer!
6 Naaa ssschön. Iiiin dddem Fffall …
7 *Es droht der Tod aller Zauberei.*
8 ICH NEHME AN, DU MÖCHTEST FORT VON DER UNIVERSITÄT, UM EIN WENIG AUSZUSPANNEN, NICHT WAHR?
9 Wo das Tor ist, da bin auch ich.
10 Seistilldakommtsie.

Fakultät für Hellhören III

ANTWORTEN

1 Agnes/Perdita ahmt Christines Singstimme perfekt nach. *(Mummenschanz)*
2 Der junge Shawn bei einer offiziellen Ankündigung. *(Lords und Ladies)*

3 Der Wasserspeier Karnies-über-dem-Breiten-Weg, als er über Karotte spricht. *(Helle Barden)*

4 Cohen der Barbar. *(Das Licht der Phantasie)*

5 Ein Dieb in Ankh-Morpork. *(Gevatter Tod)* Die Antwort lautet natürlich: »Du solltest sie nicht – – – –«

6 Oma Wetterwachs, ein wenig benommen, weil sie gegen ein absolut unbewegliches Objekt gestoßen ist. *(Das Erbe des Zauberers)*

7 Der Hut des Erzkanzlers. *(Der Zauberhut)*

8 Ridcully macht subtile Andeutungen dem Quästor gegenüber. *(Lords und Ladies)*

9 Osric, Oswald oder Osbert, nach dem von Achmed dem Verrückten verfaßten Nekrotelicomnicom. *(Voll im Bilde)*

10 Ysabell zu Mort. Sie meint Königin Keli. *(Gevatter Tod)*

Fakultät für PRIMÄRES

Wo in den Werken unseres Autors erfahren wir zum erstenmal von...

1 Dem alten achaten Kaiser Einsonnenspiegel?
2 Alberto Malich, dem Gründer der Unsichtbaren Universität?
3 Wasserspeiern, die sich bewegen können?
4 Silvester?
5 Sumpfdrachen *(Draconis vulgaris)?*
6 Dem gefürchteten Namen Wetterwachs?
7 Dem Wesir des Gegengewicht-Kontinents, Neun Drehende Spiegel?
8 Der giftigen Wirkung von Quecksilberdämpfen als Berufsrisiko für die Anwender von Magie?
9 Einem lauten Fluch, der aufgrund der Präsenz von Magie Gestalt annimmt?
10 Der Midrad-Schlange?
11 Hauptmann Karotte?
12 Dem interessanten Volkslied Frau Stubenreins Untermieter?

ANTWORTEN

1 In einer Fußnote in *Gevatter Tod.*
2 In *Das Erbe des Zauberers.*
3 In *Das Licht der Phantasie.*
4 In *Die dunkle Seite der Sonne.* Und ja, das ist ein Science-Fiction-Roman, in dem überhaupt keine Scheibenwelt irgendeiner Art vorkommt. Kann passieren. Im gleichen Buch werden auch die Feiertage »Seelenkuchenfreitag« (Dienstag beziehungsweise Donnerstag auf der Scheibenwelt) und »Vorabend der Geringen Götter« erwähnt.
5 In *Die Farben der Magie.*
6 In *Das Licht der Phantasie.* Er bezieht sich nicht auf Oma, sondern auf Galder Wetterwachs, den Kanzler der Unsichtbaren Universität.
7 In *Die Farben der Magie.*
8 In *Die Farben der Magie.*
9 In *Gevatter Tod.* (Haben Sie *Alles Sense* geantwortet? Seien Sie ehrlich.)
10 In *Die Farben der Magie* – der weltumschlingende Drache in Tethis' Bericht über die Reise durchs All zur Scheibenwelt.
11 In *Helle Barden* – aber erst am Ende des Buches wird er zum Hauptmann.
12 In *Strata.*

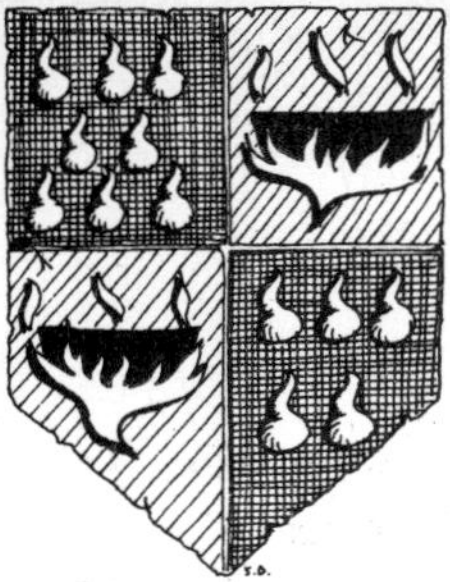

Fakultät für HEUREKA! II

In welchen Scheibenwelt-Romanen ist zum erstenmal die Rede von folgenden interessanten Ideen, Erfindungen und Vorgängen?

1 Auftanken im Flug
2 Hypnopädie
3 Rolltreppen
4 Die Gewinnung von Uran aus Pechblende
5 Die ausgestopfte Olive
6 Filofaxe
7 Ein Segelflugzeug aus Seide und Bambus
8 Aufkleber
9 Flugschreiber
10 Das Konzept filtrierbarer Viren

Fakultät für Heureka! II

ANTWORTEN

1 In *Mac Best.* Bei einem sehr riskanten Manöver wird der Besen von Oma Wetterwachs mit Magie aufgeladen, während er in großer Höhe fliegt.
2 In *Einfach göttlich.* Didaktylos erfand diese Methode, um dem ungeduldigen Prinzen von Tsort im Schlaf Wissen einzutrichtern.

3 In *Der Zauberhut.* Die von Rincewind geschaffene magische Rolltreppe war mit Krokodilhaut ausgelegt.

4 In *Voll im Bilde.* Es wird recht deutlich darauf hingewiesen, als der Alchimist Silberfisch eine Tonne Erz einschmilzt, um daraus silbernes Metall zu gewinnen, von dem er sich eine »neue, wundervolle Zukunft« erhofft. Schließlich nennt er es jedoch Zunichtsnutzium.

5 In *Pyramiden.* Der Einbalsamierer Dil (beziehungsweise Dil der Pökler) sieht darin Chancen für eine neue berufliche Laufbahn.

6 *Der Zauberhut* bietet das verdächtig ähnliche *Vollermythen* an.

7 In *Die Farben der Magie.* Eine der wenigen Erfindungen von Goldauge Silberhand Daktylos, die ihm keine schreckliche Verstümmelung einbrachte.

8 In *Wachen! Wachen!* Der Aufkleber an Lady Käsedicks Kutsche verkündet: »Wer wiehert mag Drachen.«[1]

9 In *Mac Best.* Ein kleiner schwarzer Rabe, abgerichtet von Gütchen Wemper.

10 In *Pyramiden.* Eine Krankheit, »verursacht von winzigen Dingen, die man überhaupt nicht entdecken kann«, fügte der Doktor hinzu, lächelte zufrieden und beglückwünschte sich zu seiner guten Idee.

1 Ein weiteres Beispiel kommt in *Voll im Bilde* vor: »Ankh-Morpork – verachte die Stadt oder verlaß sie.«

Fakultät für GASTROLOGIE II

Weil es beim erstenmal so gut geschmeckt hat…

1 Welche Art von exotischer Köstlichkeit ist eine »klatschianische Diavoli«, die man in einem seltsamen Behälter aus gepreßten Fasern serviert?
2 Welche Substanz kann man bei einer recht detaillierten Tätowierung erkennen, die eine Position zeigt, welche unter der Bezeichnung »Der Kongreß des Freundlichen Hundes und Die beiden Kleinen Kekse« bekannt ist?
3 Was wird anstelle von Bier serviert, weil Skrp Schwierigkeiten mit dem Lesen hat?
4 Welche Leckerei wird nach einer guten Mahlzeit *Petit porc rôti avec pommes de terre nouvelles el légumes du jour et bière glacée avec figment de l'imagination* genossen?
5 Wie lautet die vegetarische Option auf der Speisekarte von Gimlets Feinkostbude?
6 Das thaumaturgische Prickeln von Zufallsmagie verwandelte eine Wand im Palast des Serifen in *was?*
7 Woher kam die Idee mit dem fertig geschnittenen Brot?
8 Rachsüchtige übernatürliche Kräfte sorgen dafür, daß *was* zuviel Salz bekommt?
9 Was war zweischalig und enthielt einen kleinen Zettel mit der Botschaft: »Viele, viele Entschuldigungen.«?
10 Etwas Purpurnes schwamm in der Flüssigkeit, und es hatte mindestens zehn Beine – um was für eine Art von Eintopf handelte es sich?

Fakultät für Gastrologie II

ANTWORTEN

1 Eine Pizza zum Mitnehmen, vermutlich mit Sardellen oder Salami. *Feldwebel Colons Tips für Gourmets Nr. 168:* »Der Käse verklebt, wenn er kalt wird.« *(Wachen! Wachen!)*

2 Joghurt *(Pyramiden)*

3 Merckel und Stechmaus' sehr Berühmte Braune Soße. Srkp und die anderen dressierten Ratten des Patriziers haben noch nicht gelernt, die Aufschriften der Etiketten zu entziffern. *(Wachen! Wachen!)*

4 Drei Wüstentausendfüßler *(Chilopoda aridius).* »Verspeist« werden sie von St. Ungulant. *(Einfach göttlich)*

5 Sojaratte. *(Helle Barden)* Sie bekommen auch einen Punkt, wenn ihre Antwort »Frischkäse« lautet – der im gleichen Buch auf Gimlets Speisekarte auftaucht –, obwohl es sich dabei um »Frischkäse *und* Ratte« handelt.

6 Arsenmeringe. Nicht Vanillesoße – in dieser Substanz verwandelte sich eine Decke. *(Der Zauberhut)*

7 Durch Inspirationen, die dauernd durchs Universum fliegen und irgendwann empfangsbereite Neuronen treffen. *(Helle Barden)*

8 Herzog Felmets Haferschleim. Die übernatürliche Kraft war der Geist seines Opfers König Verence I. *(MacBest)*

9 Das Glücksplätzchen, das Rincewind in einer achatenen Taverne erhielt. Es teilte ihm sein tiefes Bedauern darüber mit, daß seine unmittelbare Zukunft die Möglichkeit vorsah, bewußtlos geschlagen zu werden. *(Echt zauberhaft)*

10 Der Fisch-Eintopf[1] bei Borgel in Holy Wood. Er basierte auf folgendem Prinzip: Wenn man es im Wasser gefunden hat, war es ein Fisch. *(Voll im Bilde)*

1 Auch als Ursuppe bekannt.

Fakultät für RHETORISCHE FLORA

Finden Sie heraus, wen oder was folgende Vergleiche und Metaphern betreffen:

1 Ein Müllhaufen, bedeckt von den stinkenden Ausscheidungen einer sterbenden Molluske.
2 Seine Augen waren so groß wie sehr große Augen.
3 Die Bedeutung eines Kommas im Buch der Geschichte.
4 Als Mörder so fähig wie ein psychotischer Mungo.
5 Zwei aufragende Gipfel, im silbernen Licht so spitz wie Koboldzähne.
6 Im Vergleich dazu wirkte Gormenghast wie der Werkzeugschuppen an einer Eisenbahnstrecke.
7 Hatte etwa die gleiche Lebenserwartung wie ein Pogostock-Tester in einem Minenfeld.
8 Eine eisblaue Sinuswelle, die sich durch dunkle Dimensionen erstreckte.
9 Wie eine Kzak-Frucht durch eine kleine Großmutter.
10 Wie Pflaumenmarmelade oder vielleicht auch Brombeermus.
11 Wie ein unerwarteter Limbotänzer unter der Toilettentür des Lebens.
12 Ein Schoner voller Besansegel.

Fakultät für Rhetorische Flora

ANTWORTEN

1 Ankh-Morpork! Perle einer Stadt! *(Das Licht der Phantasie)*
2 Der beschworene Drache *(Draco nobilis)* in *Wachen! Wachen!*
3 Der Urgroßvater von Münze. *(Der Zauberhut,* gleich zu Anfang)
4 Bentzen, Befehlshaber von Herzog Felmets persönlicher Leibwache. *(MacBest)*
5 Zwei Massive der Spitzhornberge, zwischen denen unser Held in *Gevatter Tod* fliegt.
6 Die Unsichtbare Universität. *(Das Erbe des Zauberers)*
7 Der oberste Zauberer der Unsichtbaren Universität. *(Voll im Bilde)*
8 Weil bei der Beschreibung von Rincewinds und Zweiblums Rückkehr von einem astralen Trip zum Haus des Todes auf Details verzichtet wurde. *(Das Licht der Phantasie)*
9 Königin Kelis nomadischer Vorfahr machte mit diesem Vergleich deutlich, wie schnell seine Leute die Verteidigungsbarrieren von Sto Lat durchdringen würden. *(Gevatter Tod)*
10 Die sich auf der Scheibenwelt ausbreitende Nacht. *(Der Zauberhut)*
11 Wie ein unerwünschter, aber beharrlicher Gedanke in Esks Bewußtsein eintraf. Gemeint ist die Erkenntnis, daß sie ihr Versteck irgendwann einmal verlassen mußte, um auszutreten … *(Das Erbe des Zauberers)*
12 »Meiner Treu! Du habest mehr Fragen als ein Schoner Besansegel.« Der Narr am Hofe von Lancre schlüpfte mit diesen Worten hastig wieder in seine Rolle, nachdem er gedankenlos vernünftig geredet hatte. *(MacBest)*

Fakultät für Morphische Resonanz

Stellen Sie die Verbindung her – über die Scheibenwelt, wenn die Begriffe nicht von dort stammen.

1 Das Achtgefaltete Siegel der Stasis und Rincewinds Socke.
2 Sir Isaac Newton und Hutmacher.
3 Sir Francis Drake und Ankh-Morporks Zivilschutz.
4 Oma Ichschermichnicht und die Schwarze Aliss.
5 Jacqueline Susann und Holy Wood.
6 Tod und P. C. Wren.
7 Sexuelle Aspirationen und falsche Schnurrbärte.
8 Salomo und Pseudopolis.
9 Sodom und Pseudopolis.
10 Victor Hugo und das Opernhaus.

Fakultät für Morphische Resonanz

ANTWORTEN

1 Ein halber Ziegelstein. Dem Achtgefalteten Siegel der Stasis sagt man nach, daß es ebenso wirkt wie ein gut gezielter halber Ziegelstein – und den hat Rincewind in seiner Socke als Waffe gegen die unüberwindliche Macht des Kreativen Magus.
2 Quecksilberdämpfe bewirkten Gesundheitsprobleme bei den

Alchimisten (siehe *Voll im Bilde)* und waren auch der Grund für den bekannten Wahnsinn von Hutmachern. Außerdem sollen sie für die irren Phasen Sir Isaac Newtons verantwortlich sein, der einmal Experimente mit kochendem Quecksilber durchführte.

3 Drakes Trommel. Nach der Legende gibt es im Palast des Patriziers eine ähnliche Trommel, die sich angeblich selbst schlagen wird, wenn eine feindliche Flotte den Ankh heraufsegelt. Allerdings müßten ihr Dutzende von Männern mit Schaufeln vorausgehen… *(Rollende Steine)*

4 Beide wohnten in Pfefferkuchenhäuschen. So etwas war einmal groß in Mode, und man sprach in diesem Zusammenhang vom »Zuckerbäckerstil in der Architektur«. *(Das Licht der Phantasie)*

5 *Tal der Trolle. (Voll im Bilde)*

6 P. C. Wrens bekannte Romanserie über die Fremdenlegion begann 1924 mit *Beau Geste.* Die klatschianische Fremdenlegion erinnert daran, als sich Tod ihr hinzugesellt, apathisch wird und sich Beau Nidle nennen läßt. *(Rollende Steine)*

7 Der recht unerfahrene König von Lancre hatte sich eine Art technisches Handbuch in Sachen Sex bestellt, und Nanny Ogg verbrachte zehn aufschlußreiche Minuten damit, einigen Gestalten darin gezeichnete Schnurrbärte hinzuzufügen. Später soll sich der König danach erkundigt haben, wo man falsche Schnurrbärte kaufen kann… *(Mummenschanz)*

8 In *Der Zauberhut* preist der Serif Coninas Haar, indem er es ausgerechnet mit einem »Schwarm Ziegen« vergleicht. Diese Analogie stammt aus dem *Hohelied Salomos.*

9 Das sehr anschauliche Buch des Marquis de Sade *Die 120 Tage von Sodom* hat eine Scheibenwelt Version namens *130 Tage in Pseudopolis.* In *Pyramiden* läßt sich Ptraci von einer Szene kaum beeindrucken und meint: »Eine solche Stellung ist nur dann möglich, wenn man sich verschiedene Dinge ausrenkt.«

10 Das Musical *Miserable Les (Mummenschanz)*

Fakultät für KURIOSITÄTIGES III

Erneut können Sie Ihre Fähigkeit beweisen, das unpassende Element in den einzelnen Aufzählungen zu finden:

1 *Drachenkrankheiten, Die interessanten und seltsamen Abenteuer des Barbaren Cohen, Humorvolle Geschichten über Katzen von Achmed Ich-habe-nur-diese-Kopfschmerzen, Lexikon seltsamer Wörter, die einem Tränen in die Augen treiben, Alle Belagerungswaffen dieser Welt.*

2 *Drachenkrankheiten, Wie ich meine Ferien verbrachte, Freude für den Gaumen, Die Gesetze und Verordnungen der Städte Ankh und Morpork, Meditationen.*

3 *Drachenkrankheiten, Blert Zupfguts Gitarrenfibel, Diener der Stadt, Lachsalven-Grimoire, In nur 7 Tagen verwandle ich dich in einen barbarischen Helden!*

4 Die Tulpenvase, die Himmlische Pastinake, die Kuh des Himmels, die See der Nacht, die Fliegende Maus, die Verknotete Kordel.

5 Ohrwelke, Oktarine Milchdrüsenentzündung, Gesenkte Fersen, Hölzerne Euter.

6 Blödes Kaff, Scharfschneide, Schlüpfriges Loch, Schnitte, Skrote.

7 Ankhsteine, Irexes, Roseatten, Spirkel, Ultramarin.

8 Bruderschaft der Blender, Täuscher und Hereinleger, Ehrwürdiges Konzil der Seher, Erleuchtete Magier des Ungebrochenen Kreises, Brüder des Mitternachtsordens, Erleuchtete und uralte Brüder von Iieeh.

9 Berilia, Cubal, Jerakeen, Tubul, Groß-T'phon.

10 Bündel des Überflusses, Sichel der Gerechtigkeit, Wabe des Zuwachses, Stab von Ossory, Kohlkopf Pflanzlichen Wachstums, Schulterblatt der Reinlichkeit.

Fakultät für Kuriositätiges III

ANTWORTEN

1 Der Cohen-Titel ist ein Klicker (siehe *Voll im Bilde).* Die anderen betreffen Bücher.

2 Bis auf *Die Gesetze und Verordnungen der Städte Ankh und Morpork* wurden alle genannten Bücher von zeitgenössischen Scheibenwelt-Autoren geschrieben: Lady Käsedick, Zweiblum, Nanny Ogg und Didaktylos.

3 Nur Lord Vetinaris *Diener der Stadt* wurde noch nicht veröffentlicht.

4 Es sind alles Scheibenwelt-Sternbilder, bis auf »die See der Nacht«– dies ist eine Karok-Karte.

5 Alles Krankheiten der Ziegen in den Spitzhornbergen, bis auf Gesenkte Fersen – daran leiden Sumpfdrachen.

6 Nein, dies sind keine weiteren Krankheiten, sondern Orte, und zwar alle im Königreich Lancre – mit Ausnahme von Skrote.

7 Alles sind Scheibenwelt-Edelsteine, mit Ausnahme vom ephebianischen Philosophen Irexes.

8 Es sind alles Orden der Zauberer an der Unsichtbaren Universität, mit Ausnahme der Erleuchteten und uralten Brüder von Iieeh.

9 Vier Namen beziehen sich auf die riesigen Elefanten, die die Scheibenwelt tragen. Der fünfte Name, Cubal, gehört einem ephebianischen Feuergott.

10 Alles gehört zum heiligen Brimborium des Königs von Djelibeby in *Pyramiden,* abgesehen von Ossorys Stab, der sich auf den Propheten von Om in *Einfach göttlich* bezieht.

Fakultät für DISKOGRAPHIE II

Identifizieren Sie die Orte und besonderen Merkmale der Scheibenwelt-Landschaft, in Vergangenheit und Gegenwart…

1 Ein Land, dessen Versinken im Meer vor einigen tausend Jahren als peinlichste Kontinentalkatastrophe im Multiuniversum gilt.
2 Eine Region, in der die Logik morphischer Resonanz nach der Existenz einer ganz bestimmten amerikanischen Schokolade verlangt.
3 Kleine Stadt mit einer Blumenuhr. Vor hundertfünfzig Jahren kam hier durch einen plötzlichen Gulasch-Schauer ein Mann ums Leben.
4 Weltberühmt für eine Küche, die hauptsächlich aus Nudeln, Tomaten, Olivenöl und Meeresfrüchten besteht.
5 Schmackhaft klingende Stadt, in der Lord McSweeny 30 Rebellen hinrichten ließ, die gar keine waren.
6 Hier befindet sich der allseits bekannte Ort-wo-die-Sonne-nicht-scheint.
7 Eine Stadt, in der eine Handvoll Schlamm, mehrere trockene Blätter und einige Kräuter mit unaussprechbaren Namen für köstliche Mahlzeiten genügen.
8 Ein auf dem Gipfel stehender Berg in einer Region mit hoher Restmagie.
9 Klatschianische Stadt, die ein wenig kriminell klingt und deren Herrscher an einer ärgerlichen Variante des Midas-Syndroms litten.

10 Unter anderem entdeckt von Abraxas von Ephebe und Kriecher von der Grauen Horde.
11 Das Problem, das die Herrscherfamilie von Djelibeby durch »Königreich der Sonne« als Postadresse hat.
12 Inseln, die von Llamedos Jones entdeckt wurden (obwohl die Eingeborenen anderer Ansicht sind), einem Missionar des Strikten Druidismus.

Fakultät für Diskographie II

ANTWORTEN

1 Der Kontinent Ku, der 30 Jahre brauchte, um zu versinken. Die Kurianer verbrachten also viel Zeit damit, herumzuwaten und sich über den demütigenden Mangel an Dramatik zu ärgern.
2 Herscheba[1]
3 Quirm. Über den Gulasch-Schauer berichtete Frau Flinkwerts *Almanach und Saatkatalog für den Farmer,* und deshalb muß es stimmen. *(Alles Sense)*
4 Brindisi, angebliche Heimat und kulinarischer Fluch von Señor Enrico Basilica. *(Mummenschanz)*
5 Sum Dim im Achatenen Reich. Da es dort eindeutig keinen Kader der roten Armee gab, sorgten die Hinrichtungen dafür, daß einer entstand. *(Echt zauberhaft)*
6 Schnitte im Königreich Lancre. Bevölkerung: sieben.
7 Genua. Dort verachten die besten Köche das »Schweine-, Rind- und Lammfleisch und anderes Zeugs für jemanden, der nichts Besseres kennt«. *(Total verhext)*
8 Der Wyrmberg. Eine starke magische Atmosphäre erlaubt dort die Beschwörung von Drachen und macht sich sogar bei den

1 Sprechen Sie den Namen laut aus. Lauter! Und noch lauter! Betonen Sie die einzelnen Silben! Und noch etwas lauter! Wenn Sie dies in einem öffentlichen Transportmittel lesen, dürften die übrigen Reisenden inzwischen auf Sie aufmerksam geworden sein.

Namen der Bewohner bemerkbar. K!sdra, Lio!rt, M!Caffrey Sp!!f und so weiter. *(Die Farben der Magie)*

9 Al-Ybi. Eine legasthenische Gottheit bewirkte, daß sich alles, was der Serif von Al-Ybi berührte, in Gold verwandelte, einen Zwerg, der von dieser wiederholten Duplikation überhaupt nicht begeistert war. *(Total verhext)*

10 Die verlorene Stadt lieeh – sollte sich eigentlich im Großen Nef befinden, kann aber recht beweglich sein. *(Einfach zauberhaft)*

11 Auf der Scheibenwelt gibt es mindestens elf Königreiche der Sonne – das behauptet jedenfalls Teppics Hausmeister in der Assassinenschule. *(Pyramiden)*

12 Die Braunen Inseln. Eine davon pflegt noch heute die llamedosianischen Traditionen des Chorsingens, des Fußballspiels mit einem nicht runden Ball und von viel Regen. *(Die Karte der Scheibenwelt)*

Fakultät für UGH

Hier einige leichte Fragen. Sie brauchen nur herauszufinden, wovon die Rede ist.

1 Die Hälfte davon ist ein verkohlter Klumpen.
2 Rincewind wohnte für kurze Zeit darin.
3 Wurde ohne Erfolg bei dem Versuch eingesetzt, einen lauten Spuk zu beenden.
4 Offenbarte die Geheimnisse des doppelten Schneidens.
5 Wurde wegen eines Metapher-Problems mit ziemlicher Wucht geworfen.
6 Sie waren völlig leer.
7 Ermöglichte die korrekte Identifizierung von Göttern.
8 Verkündete, die Sonne sei das Auge von Yay, der jeden Tag auf der endlosen Suche nach seinen eigenen Zehennägeln über den Himmel kroch.
9 Dort findet man die drei Londoner U-Bahn-Stationen, die auf keiner öffentlichen Karte eingetragen sind.
10 Betraf Aktivitäten recht spät am Abend.

ANTWORTEN

Das »Ugh« bezieht sich natürlich auf den Bibliothekar, was bedeutet, daß es hier um Bücher geht. Oder um buchartige Dinge.

1 *Das Buch der Drachenbeschwörung* von Tubal de Malachite. *(Wachen! Wachen!)*
2 Das Oktav *(Das Licht der Phantasie)*
3 Buckelkrumms *Des Prickelns Lösung,* zusammen mit einer Kerze und der Glocke *Alter Tom:* Exorzismus mit Glocke, Buch und Kerze. *(Eric)*
4 Zweiblums wertvolle Ausgabe von *Nasenwurz' Einführung in die Kunst des Kartenspiels* (insbesondere von Kontrakt-Bridge). *(Das Licht der Phantasie)*
5 *Die Gesetze und Verordnungen der Städte Ankh und Morpork.* »Wirf ihm das Buch zu, Karotte«, sagte Hauptmann Mumm unvorsichtigerweise. *(Wachen! Wachen!)*
6 Tods sich selbst schreibende Autobiographien von Personen, die erst noch geboren werden müssen. *(Gevatter Tod)*
7 *Ego-Video Liber Deorum*, in die Umgangssprache übersetzt: *Götter: Ein Leitfaden für den skeptischen Gläubigen,* von Koomi aus Smale. *(Einfach göttlich)*
8 Das Buch der Grube, in der man bleiben soll. *(Pyramiden)*
9 Die in Spinnenleder gebundene Luxusausgabe von *Vollermythen. (Der Zauberhut)*
10 *Das Buch über Ausflüge kurz vor Mitternacht. (Das Licht der Phantasie)*

Fakultät für Morphische Resonanz II

Hier geht es erneut darum, einigermaßen überzeugende Verbindungen zwischen den jeweiligen Begriffen herzustellen. Nehmen Sie Bezug auf die Scheibenwelt, wenn das nicht bereits der Fall ist.

1 Laurel & Hardy und die Marx Brothers.
2 Robert Brownings »Childe Roland to the Dark Tower Came« und die Herausforderung eines Helden in Ankh-Morpork.
3 Dylan Thomas und regennasse Steinkreise.
4 Platons Höhle und mißgestaltetes Kaninchen.
5 Erdbeben und der Resograph.
6 Showman P. T. Barnum und Rincewind.
7 Homers Seefahrer, der das Meer satt hatte, und die Musik mit Steinen drin.
8 William Pitt the Younger (Premierminister 1783–1801 und 1804–1806) und Windle Poons – gemeint sind hier nicht die Initialen.
9 Magrat und die Ballade von Tam Lin.
10 Zappelnicht (wie im *Lexikon seltsamer Wörter, die einem Tränen in die Augen treiben* definiert) und Zenon von Elea.

ANTWORTEN

1 Aufgrund der narrativen Resonanz wird der erstaunte Dramatiker Hwel zu komischen Dialogen inspiriert, die an beide erinnern. Zuerst kommt doppeldeutiges Gerede in der Groucho-Art, und dann: »Was hast du jeeetzt schon wieder angestellt, Stanleigh …« *(MacBest)*

2 Die Herausforderung sowohl an der Pforte des Dunklen Turms als auch für den Drachen von Ankh-Morpork in *Wachen! Wachen!* wird in ein Schneckenhorn geblasen.[1] Das ursprüngliche Wort heißt »Schlachtruf« (darauf geht auch »Slogan« zurück). Terry Pratchett erlaubt sich hier verborgenen Spaß mit den Dichtern Chatterton und Browning, die glaubten, mit »slug-horn« (Schneckenhorn) sei die Art des Horns gemeint.

3 Dylan Thomas' mythisches walisisches Dorf in *Under Milk Wood* heißt Llaregubb.[2] Auf der Scheibenwelt heißt das Land des Regens und der Steinkreise Llamedos. Beide Namen klingen seltsam, wenn man sie rückwärts ausspricht. *(Rollende Steine)*

4 Platon verglich das Leben mit einer Höhle, in der man nur Schatten der Realität außerhalb davon sieht. Auf der Basis des universellen Gesetzes der Running Gags fügt Didaktylos' Version die ans Unsichtbare gerichtete Bitte hinzu, ein bestimmtes Schattenbild zu zeigen: »Und jetzt ›mißgestaltetes Kaninchen‹ – das ist meine Lieblingsfigur.« *(Einfach göttlich)*

5 Der Resograph – ein Gerät zur Messung von Realitätsstörungen – in *Voll im Bilde* basiert auf dem alten chinesischen Entwurf eines primitiven Seismographen. Außerdem erinnert der Name des Erfinders, Numeri Riktor, an

1 Nobby von der Stadtwache: »Muß von einer verdammt großen Schnecke stammen.«

2 Eine vom Anstößigén befreite Schreibweise ist »Llaregyb«. Das walisische »y« wird wie »u« ausgesprochen, deshalb läuft es aufs gleiche hinaus.

die auf der Erde gebräuchliche Richter-Skala, die die Erdbebenstärke angibt.

6 In *Echt zauberhaft* greift Rincewind den berühmten Ausspruch von P. T. Barnum auf, der da lautet: »Jede Minute wird ein Trottel geboren.« Ein in Sprüche verliebter Revolutionär meint: »Bringt beträchtliche Opfer Für Das Gemeinsame Wohl.« Rincewind antwortet: »Die Dummen Werden Nicht Alle.«

7 Die Odyssee erzählt von einem müden Seefahrer, der so weit mit einem Ruder landeinwärts gehen will, *bis niemand mehr erkennt, was er bei sich trägt* – an jenem Ort will er sich zur Ruhe setzen. In *Rollende Steine* hat der Drummer Klippe Ähnliches mit seinen »Musikinstrumenten« – einigen Steinen – vor …

8 Man sagt, angeblich lauteten Pitts letzte Worte: »Ich hätte jetzt Appetit auf eine von Bellamys Kalbfleischpasteten.« Poons letzte Worte als Lebender lauteten: »Ich könnte jetzt von Herrn Schnappers berühmten Fleischpasteten vertragen …«

9 In *Lords und Ladies* findet sich Magrat Knoblauch in der Situation von Fee Janet wieder, die ihren Tam Lin verloren hat. Ganz offensichtlich kennt sie die alte Ballade: »Ich erinnere mich an ein Volkslied, in dem es um eine vergleichbare Situation geht. Die Elfenkönigin stahl einer jungen Frau ihren Verlobten, und sie vergeudete keine Zeit damit, Tränen zu vergießen. Nein, sie ritt los, um den Entführten zu befreien.«

10 Ja, es lag Ihnen natürlich auf der Zunge. Zenon von Elea (495–435 v. Chr.) verblüffte griechische Philosophen mit den seltsamen Paradoxa. Er »bewies« zum Beispiel, daß sich ein fliegender Pfeil nicht bewegen kann und daß der bekannte Läufer Achilleus nicht in der Lage sei, eine Schildkröte zu überholen. Die Scheibenwelt-Version namens Xeno von Ephebe ist praktischer veranlagt und hat eine Experimentierstation für Axiome errichtet (ACHTUNG – UNGELÖSTE POSTULATE), um zu beweisen, daß ein fliegender Pfeil unmöglich eine Schildkröte überholen kann. Das Ergebnis: viele aufgespießte Schildkröten. Ganz offensichtlich kommt es bei solchen Experimenten auf jede Menge

Fingerfertigkeit und Geschick an – und genau darauf läuft die Definition von »Zappelnicht« im *Lexikon seltsamer Wörter, die einem Tränen in die Augen treiben* hinaus. *(Pyramiden, Wachen! Wachen!)*

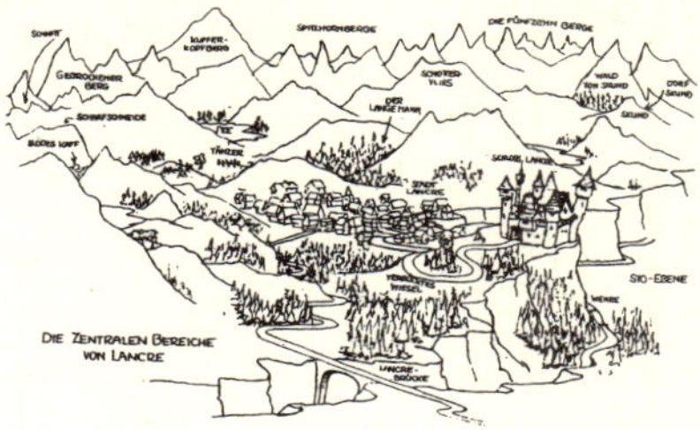

Fakultät für KONTINUUM-ONTOLOGIE III

Füllen Sie erneut die leeren Stellen folgender Sequenzen aus:

1 Stille, Bücher dürfen nicht später zurückgegeben werden als am letzten angegebenen Datum,…
2 Oben, unten, seitlich, Sex-Appeal,…
3 Ratten, Ameisen, Wanzen, Wasserspeier,…
4 Halb Mensch,…, halb Jaguar, halb Schlange, halb Skorpion, halb verrückt.
5 Sprechende Vase, Jadekopf,…, Diamantsarg, Singendes Schwert.
6 Schlechte Vorbereitung, Sorglosigkeit, Konzentrationsmangel, nachlässige Pflege der Werkzeuge und…
7 Wundervoll, erstaunlich, phantastisch, glamourös,…,…
8 …, Strebepfeiler, Zinnen, Steinfiguren, Minarette, Höfe, Kerker, Verliese.
9 Ossory, Fruni, Cena, Wallspur, Abbys, Haschimi,…
10 Hemd (Ketten); Helm, Eisen und Kupfer; Brustharnisch, Eisen;…

Fakultät für Kontinuum-Ontologie III

ANTWORTEN

1 Nimm keinen Einfluß auf die Natur der Kausalität – die dritte von drei Regeln der Bibliothekare von Raum und Zeit. *(Wachen! Wachen!)*

2 Pfefferminz – gemeint sind die fünf »Aromen« von Resonen beziehungsweise Realitätsfragmenten, in die das Thaum – einst das kleinste, als unteilbar geltende magische Elementarteilchen – durch Experimente im Forschungstrakt für hochenergetische Magie gespalten wurde. *(Lords und Ladies)*

3 Kakerlaken – diese Geschöpfe bildeten die Wellen von Flüchtlingen, die die Unsichtbare Universität zur Zeit der größten Gefahr verließen. Nur die Zauberer hatten nicht genug Verstand, um wegzulaufen. *(Der Zauberhut)*

4 Halb Huhn – das sind die Attribute des Dämons Quezovercoatl, woraus sich mindestens drei wahnsinnige Mörder ergeben. Zum Glück ist er nur fünfzehn Zentimeter groß. *(Eric)*

5 Das Geheimnis der Herstellung von Seide – Sechs Wohltätige Winde spekuliert, daß die Graue Horde versuchen könnte, dem Achatenen Reich diese Dinge zu stehlen. *(Echt zauberhaft)*

6 Übermäßiges Selbstvertrauen – die inneren Feinde, die nach Ansicht des Lehrers einem Assassinen Probleme bereiten können. *(Pyramiden)*

7 Bezaubernd, toll – dies sind die irreführenden Eigenschaften von Elfen (die eigentlich recht böse sind). *(Lords und Ladies)*

8 Gebrauchte Kellergeschosse – die Liste beschreibt die architektonischen Merkmale des Schlosses von Lancre. *(MacBest)*

9 Ischkiebel vervollständigt die Liste der Sieben Propheten der omnianischen Kirche. *(Einfach göttlich)*

10 Schlagstock, Eichenholz – die aufgeführten Gegenstände gehören zur Standardausrüstung neuer Mitglieder der Nachtwache. *(Helle Barden)*

Fakultät für EINLEITENDE BEMERKUNGEN

Stellen Sie fest, um was es geht – und beantworten Sie dann die Frage.

1 Wer wußte über den L-Raum (beziehungsweise den B-Raum) Bescheid?
2 Was leisteten Personen, die Dank empfingen, indem ihre Namen nicht genannt wurden?
3 Woher kam das *Liber Paginarum Fulvarum?*
4 Wer ist die kleinste Person von allen?
5 Wie lautet der traditionelle Fluch, der mit umstrittenen Dingen oder Grenzfällen in Zusammenhang steht?
6 Wann und wo erfolgte der Gedankensprung von quietschenden Rädern zu vielen kleinen Füßen?
7 Wo läßt sich ein Beispiel von Lewis Carrolls Regel »Was ich dir dreimal sage, entspricht der Wahrheit« finden?
8 Wer provozierte die Antwort »Meine Güte ...«?
9 Was wurde enttäuschten Kartenliebhabern erlaubt?
10 Wo kam die Football-Person Bruce Grobelaar bei dieser ganzen Sache ins Spiel?

Fakultät für Einleitende Bemerkungen

ANTWORTEN

Die Fragen und Antworten beziehen sich auf die Widmungen in den einzelnen Büchern:

1 Mike Harrison, Mary Gentle, Neil Gaiman und andere. *(Wachen! Wachen!)*
2 »...die mir zeigten, daß eine Oper seltsamer sein kann, als ich dachte.« *(Mummenschanz)*
3 Angeblich wurde es von Neil Gaiman verliehen. *(Das Erbe des Zauberers)*
4 Rhinna in *Gevatter Tod* – sie ist Terry und Lyn Pratchetts Tochter.
5 »Mögest du in interessanten Zeiten leben.« Umstritten ist dieser Punkt deshalb, weil die Worte zwar dort stehen, wo man in *Echt zauberhaft* die Widmung erwartet, aber eigentlich ist es ein Sinnspruch. (Wer versucht, auf seinem Standpunkt zu beharren und ein Streitgespräch zu führen, bekommt keinen Punkt. Ja, wir können kleinlich sein.)
6 »Vor vielen Jahren... in Bath« sah Terry Pratchett eine wohlbeleibte Amerikanerin, deren großer Koffer mit Rädern ausgestattet war und ihr erhebliche Probleme bereitete. Bei der Gelegenheit gebar Terrys Phantasie Rincewinds Truhe. *(Der Zauberhut)*
7 In der parodistischen Widmung in *Voll im Bilde:* »Danke. Danke. Danke...«
8 All jene Leute, die nach der Veröffentlichung von *MacBest* den Autor mit eigenen Versionen des Igel-Lieds überhäuften. *(Total verhext)*
9 »Der geneigte Leser mag sich seine eigene zeichnen.« *(Der Zauberhut)*
10 Graham Higgins' Widmung in *Mort: Der Scheibenwelt-Comic.*

Fakultät für EXTERNE STUDIEN

Hier einige Fragen, die auf den ersten Blick seltsam erscheinen, jedoch alle einen Scheiben-Aspekt haben:

1 Wer war der König der Fantasy, und welche Anthologie wurde nach ihm benannt?
2 Was klingt scheibenweltartig an der ersten Ausgabe von Neil Gaimans *Sandman*-Comis?
3 In welchem gar nicht lustigen Fantasy-Roman gibt es eine Truhe aus geistlosem Wermutholz?
4 Welcher Bösewicht in Alan Garners *The Weirdstone of Brisingamen* heißt so wie ein früherer Herrscher von Lancre?
5 Die Namen *Wiewunderland-Smith* und *Balgrog-Jäger* erscheinen Ihnen vermutlich vertraut, aber wo ist die Rede von *Alabama Smith und die Edelsteine des Schicksals?*
6 Welche Romanfigur in Thomas Pynchons *Die Versteigerung von No. 49* hat einen interessant klingenden Namen?
7 Wenn Skrote Nürnberg ist, dann ist Pseudopolis…?
8 Der Zauberer mit den spitzen Ohren, den das Cover der britischen Ausgabe von *Das Erbe des Zauberers* auf der Rückseite zeigt, ist eine Karikatur von…?[1]
9 In welcher Verbindung steht der SF-Autor Gene Wolfe mit *Pyramiden* und *Einfach göttlich?*

1 Wir entschuldigen uns bei den Unglücklichen, deren Umschläge von *Das Erbe des Zauberers* die genannte Person leider nicht zeigen. Genau aus diesem Grund gibt es hier keine Seiten mit Fragen über die Umschlaggestaltung…

10 Warum wissen Sie absolut gar nichts über die Scheibenwelt-Romane *Unclear Physics* und *Imperial Wizard?*

Fakultät für Externe Studien

ANTWORTEN

1 Der König der Fantasy war J. R. R. Tolkien, und die Anthologie hieß *After the King: Stories in Honour of J. R. R. Tolkien* (1922), herausgegeben von Martin H. Greenberg. Dort erschien zum erstenmal die Scheibenwelt-Geschichte »Troll Dich«.

2 Es gibt ein Buch namens *Paginarum Fulvarum*...[1]

3 *Dirty Work* (1933) von Dan McGirt – denken Sie an das »intelligente Birnbaumholz« der Scheibenwelt. Geistloses Wermutholz unterscheidet sich davon hauptsächlich dadurch, daß es nicht lustig ist.

4 Alan Garners Grimnir; Königin Grimnir die Pfählerin von Lancre. *Pedanteriealarm:* Es ist ein sehr, sehr alter Name. In der isländischen *älteren Edda* verwendet Odin auch den Namen Grimnir, »Der Grimmige«.

5 Es ist ein Computerspiel, das in *Nur du kannst die Menschheit retten* erwähnt wird. Ja, das ist das erste Buch einer ganz anderen Romanserie, aber ihr Autor heißt ebenfalls Terry Pratchett.

6 Dschingis Cohen – was uns daran erinnert, daß sich Cohen der Barbar in *Echt zauberhaft* Dschingis Cohen nannte. Andere Parallelen zu Pynchons »angesehensten Philatelisten im Bereich von LA« lassen sich kaum entdecken.

1 In einer viel späteren *Sandman*-Episode kommt ein Besuch bei der Royal Society vor – früher das Invisible College, na, so was –, und dabei wird auf recht abscheuliche Weise ein Orang-Utan präpariert. Erinnert er uns vielleicht an einen gewissen Bibliothekar...? Ein weiterer Comic, für den Gaiman den Text geschrieben hat, *The Books of Magic* (1990), verdreht den Plot so sehr, daß jemand berichten kann: »*Tausend* Elefanten...«

Verantwortlich dafür ist nach Ansicht der Wache ein bekannter Krimineller namens Cohenzidenz.[1]

7 Sevilla. In der Scheibenwelt-Oper werden die *Meistersänger von Nürnberg* zu *Die Meistersänger von Skrote.* Aus *Der Barbier von Sevilla* wird *Der Barbier von Pseudopolis. (Mummenschanz)*

8 Josh Kirby, der für zahllose britische Scheibenwelt-Cover verantwortliche Künstler. Der Ausdruck »zahllos« wäre dann angemessen, wenn man das Zählsystem von Trollen anwendet.

9 Der dritte Abschnittstitel in *Pyramiden,* »The Book of the New Son« (»Das Buch des Neuen Sohnes«) erinnert an Wolfes großartiges SF-Werk *The Book of the New Sun* (1980–83). Wolfes Protagonist ist ein Folterer namens Severian, der nichts vergißt und große politische und theologische Macht erwirbt – wie Brutha in *Einfach göttlich.* (Der gleiche Scheibenwelt-Roman bietet einen weiteren Hinweis: St. Ungulants Vorname lautet Sevrian.)

10 *Unclear Physics* war zunächst der Arbeitstitel für den Roman, der später zu *Interesting Times (Einfach zauberhaft)* wurde. (Terry Pratchett verwendete ihn unter anderem deshalb nicht, weil es der Geschichte an, nun, unklarer Physik mangelte. Vielleicht taucht der Titel irgendwann einmal bei einer Angelegenheit auf, die den Forschungstrakt für hochenergetische Magie betrifft.) *Imperial Wizard* lautet ein weiterer Arbeitstitel für den gleichen Roman. Dort draußen in den Tiefen des Usenets gibt es viele falsche Informationen über *Unclear Physics* und ein angeblich fehlendes Kapitel in einem Scheibenwelt-Roman. Sie sollten sich besser nicht wünschen, darüber mehr zu wissen.

1 Ich schätze, hiervon möchte sich Terry Pratchett noch mehr distanzieren als vom Rest des Buches. Mir geht es ebenso.

Fakultät für LOGOPODIE

Bei diesen Fragen gehen wir den Dingen auf den Grund…

1 Welches Rezept sah der Schöpfer für die Pizza vor?
2 Wie lautet das alte städtische Motto von Ankh-Morpork?
3 Wieso behaupten die Bürger von Ankh-Morpork, das Wasser ihres Flusses sei unglaublich rein?
4 Wieviel Energie ist nach der Standarddefinition erforderlich, um eine kleine weiße Taube oder drei normal große Billardkugeln materialisieren zu lassen?
5 Was verabscheut die Natur außer Vakua und angeblich unsinkbaren Schiffen namens *Titanic?*
6 Der egoistische kleine Mistkerl will sich nicht *wovon* trennen?
7 Was ist so seltsam am Kalender der Theokratie von Muntab?
8 Was ist die universelle magische Bedeutung von einem halben Krug mit ranziger Mayonnaise, einem sehr alten Stück Käse und einer verschimmelten Tomate?
9 Die Kaufmannsgilde veranstaltete einmal eine Umfrage unter den Geschäftsleuten im Hafenbereich von Morpork. Wie viele Frauen gaben dabei als Beruf »Näherin« an?
10 Gewisse technische Einzelheiten (die ausnahmsweise nichts mit Bergwerken zu tun haben) werden Zwergen erklärt, wenn sie die Pubertät erreichen – etwa in welchem Alter?
11 Wer erbaute den Eingestürzten Turm von Quirm?
12 Welche Elementarteilchen sind nicht nur schneller als das Scheibenwelt-Licht (fast alles kann schneller sein), sondern auch schneller als gewöhnliches Licht?

ANTWORTEN

Alle Fragen werden irgendwo in den Fußnoten der Scheibenwelt-Romane[1] beantwortet.

1 Käse, Paprika und einige schwarze Oliven. Die Berge und Seen auf der Scheibenwelt sind erst später hinzugefügt worden, »aus kreativer Begeisterung«. *(Gevatter Tod)*

2 »Wir beherrschen en gros.« *(Voll im Bilde)*

3 Was so viele Nieren passiert hat, muß sehr sauber sein. *(Der Zauberhut)*

4 Ein Thaum *(Das Licht der Phantasie)*

5 Den Einstellschlüssel für elektrische Bohrmaschinen. *(Pyramiden)*

6 Von seinem Fell. Der kleine Mistkerl ist ein Geziefer, dessen Fell als wertvoll gilt. *(Der Zauberhut)*

7 Dieser besondere Kalender zählt nicht mehr Jahre, sondern immer weniger. »Niemand kennt den Grund dafür, aber wahrscheinlich ist es keine gute Idee, dort abzuwarten, bis die Null erreicht wird.« *(MacBest)*

8 Das enthält jede Speisekammer, die man nachts zu plündern versucht – ganz gleich, was sich tagsüber darin befindet. *(Gevatter Tod)*

9 987 – aber es genügt auch eine ungefähre Angabe. Oder selbst eine völlig falsche, vorausgesetzt, Sie erinnern sich daran, daß man bei dieser Gelegenheit kaum Nadeln fand. *(Helle Barden)*

10 55 – jede Antwort, die um nicht mehr als 10 abweicht, bekommt einen Punkt.

11 Der Absolut Bekloppte Johnson. Wer auch sonst? Weniger begabte Architekten hätten sich vielleicht mit einem *schiefen* Turm zufriedengegeben … *(Mummenschanz)*

12 Königonen und Königinonen. Postulierte Elementarteilchen,

1 Sie sind wesentlich lustiger als diese.

die beim Tod eines Königs oder einen Königin eine *sofortige* Thronfolge bewirken. Ly Schwatzmaul vermutete, diese tachyonischen Partikel könnten für die Nachrichtenübertragung genutzt werden. Zu diesem Zweck folterte er einen unwichtigen König, um das Signal zu modulieren. *(Gevatter Tod)*

Fakultät für SYNEKDOCHE

Vervollständigen Sie die folgenden bekannten (auch wenn manchmal sehr sonderbaren) Redensarten. Es genügt, wenn Sie den Sinn wiedergeben.

1 Denkt daran, ein Drache ist fürs Leben…
2 Misch dich nicht in die Angelegenheiten von Magiern ein, denn…
3 Es steht nicht irgendwo,…
4 Es heißt, sie liefen weg, wenn…
5 Normalerweise fiel er nicht gleich in Ohnmacht, wenn er Blut sah, aber…
6 Ich würde gern wissen, ob ich dich mit einem…
7 Herrin von Sto Lat, Protektorin der Acht Protektorate…
8 Wenn man am Silvestertag eine Ameise findet,…
9 Was mich *noch mehr* nervt, ist die Länge der Oper. Sie geht einfach…
10 Man verhexe sie, bis sie glühen,…
11 Rincewind läßt sich nicht noch einmal…
12 Wenn ein Mann Ankh-Morpork micht mehr ausstehen kann,…

Fakultät für Synekdoche

ANTWORTEN

1 …und nicht nur für Silvester. »Motto von Ankh-Morporks Sonnenscheinheim für kranke Drachen in der Morphischen Straße. Es wird in mehreren Büchern immer wieder erwähnt.«

2 …Zurückweisung weckt Ärger. *(Gevatter Tod)* Nicht zu verwechseln mit: »Wer sich in die Angelegenheiten von Zauberern einmischt, muß mit sehr unangenehmen Konsequenzen rechnen, insbesondere dann, wenn sie Bananen mögen und ein langes rotbraunes Fell haben. Manchmal reißt ihnen der Geduldsfaden…« *(Lords und Ladies)*

3 … es steht überall. (Daß Frauen keine Zauberer sein können – *Das Erbe des Zauberers.*)

4 …der Stadt jemals Gefahr drohen sollte. (Die heraldischen Nilpferde auf der Messingbrücke von Ankh-Morpork – *Pyramiden.*)

5 …seiner emotionalen Belastungsfähigkeit blieben Grenzen gesetzt, sobald es um das eigene ging. (Natürlich Rincewind – *Der Zauberhut.*)

6 …Sommertag vergleichen kann. Weil… Nun, der zwölfte Juni war nicht schlecht… (Der Narr plaudert mit Magrat in *MacBest.*)

7 …und Kaiserin des Langen Umstrittenen Streifens Mittwärts Von Sto Kerrig. *(Gevatter Tod)*

8 …bleibt der Rest des Winters sehr mild. *(Das Erbe des Zauberers)*

9 …*nie!!!!!* …zu!!!!! …Ende!!!!! Argh… argh… argh… (Die letzten Worte – beziehungsweise Todesarie – des Schurken in *Mummenschanz.*)

10 …und verfluchte sie im Dunkeln. *(Der Zauberhut)*

11 …vom Universum überli… (sprach Rincewind, und einige

Nanosekunden später schlug das Universum in *Echt zauberhaft* erneut zu.)

12 ... so hat er es satt, immerzu knöcheltief im Schlamm zu stehen.[1] *(Gevatter Tod)*

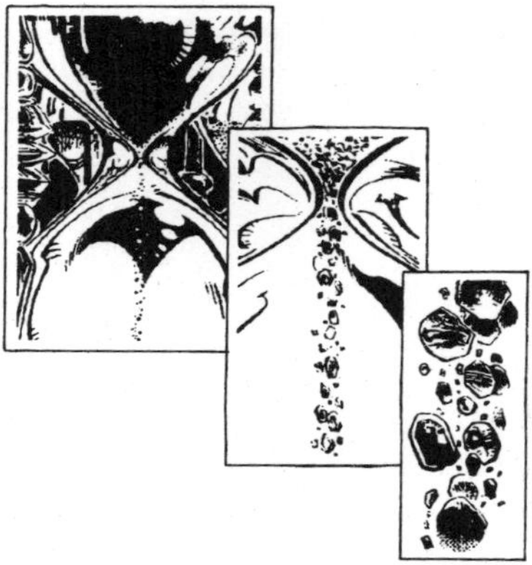

1 Dr. Johnson machte eine ähnliche – wenn auch nicht *sehr* ähnliche – Bemerkung über London.

Fakultät für PSEUDONYMIE II

Nennen Sie eine andere Bezeichnung für die folgenden Begriffe:

1 »Holzkohle«
2 Pongo
3 Lias Blaustein
4 Henry Faul
5 Herr Vollgestopfter Schlauch
6 Zwergen als *K'ez'rek d'b'duz* (»Nimm den Weg auf der anderen Seite des Berges«) bekannt
7 Edward d'Eath
8 Oberster Größter Meister
9 Tempscire
10 Delores de Syn

Fakultät für Pseudonymie II

ANTWORTEN

1 Der ephebianische Philosoph Abraxas. Er interviewte mehrere Götter, während er an seinem agnostischen Buch *Über Religion* arbeitete, was dazu führte, daß er fünfzehnmal vom Blitz getroffen wurde. Bekannt für seinen Ausspruch, daß Götter gern einen Atheisten sehen – dann haben sie etwas, auf das sie zielen können. *(Einfach göttlich)*

2 Diesen Namen bekam der Bibilothekar, damit er als angebliches Haustier kostenlos an Bord der Kutsche nach Lancre mitfahren konnte. Klassifizierer haben die scheußliche Angewohnheit, den Orang-Utan *Pongo pygmaeus* zu nennen, was kleiner Pongo bedeutet. *(Lords und Ladies)*

3 Klippe – der Troll-Drummer bei der Musik mit Steinen drin. *(Rollende Steine)*

4 Señor Enrico Basilica, ein Operntenor, fast ebenso dick wie berühmt. *(Mummenschanz)*

5 Ronald »Lehrer« Zervelatwurst – eine wörtliche achatische Übersetzung seines Nachnamens. *(Echt zauberhaft)*

6 Oma Wetterwachs *(Mummenschanz)*

7 Beano der Clown – Tarnidentität des Assassinen und Monarchisten d'Eath, Teil seines unheilvollen Plans. *(Helle Barden)*

8 Lupin Wonse *(Wachen! Wachen!)*

9 Die wörtliche Übersetzung des Namens Wetterwachs ins Französische, von Omas Schwester Lilith/Lily als Deckname benutzt. *(Total verhext)*

10 Theda »Ginger« Withels Künstlername, als sie die Hauptrolle in mehreren »Sahgas der Leidenschaft in einer verrückt gewordenen Welt« spielte. *(Voll im Bilde)*

Fakultät für UNHEIMLICHE SYNCHRONIZITÄT II

Und noch einmal: Wer oder was außerhalb der Scheibenwelt käme als Vorlage oder zumindest als vage Inspiration in Frage für…

1 Bravd und Schleicher?
2 Den Absolut Bekloppten Johnson?
3 Das berühmte Ching Aling des Mittwärtigen Volkes?
4 Das Alte Königreich von Djelibeby?
5 Brutha, Novize der omnianischen Kirche?
6 Krösus' gemütlichen Garten?
7 Fliemoe, genannt Achduschreck?
8 Den Gott Hoki?
9 Den fast tragischen Zwischenfall, als Nanny Ogg nur durch den speziellen, durch Weidenholz verstärkten Hut gerettet wird, den Herr Vernissage aus Schnitte für sie angefertigt hatte.
10 Die praktische Prüfung der Assassinengilde.

Fakultät für Unheimliche Synchronizität II

ANTWORTEN

1 Diese Freibeuter aus *Die Farben der Magie* erinnern entfernt an Fritz Leibers Romanfigur Fafhrd und Grey Mouser.
2 Dies ist kein Seitenhieb auf den britischen Romanschriftsteller B. S. Johnson. (Der Absolut Bekloppte Johnson heißt im

Original »Bloody Stupid B. S. Johnson«.) Der Name des für seine Unfähigkeit auf der ganzen Scheibenwelt bekannten Architekten und Landschaftsgestalters bezieht sich auf einen Experten für Gartendesign, der im England des 18. Jahrhunderts lebte und Capability Brown (wahrer Vorname Lancelot) hieß. In *Helle Barden* wird er erwähnt – als »der Fähige Braun« –, zusammen mit den beiden imaginären Kollegen »der Weise Schmitt« und »der Intuitive Wolfgang von Torfschaufel«.

3 Das unergründliche chinesische System der Weissagung, beschrieben im *I-ching* – auf der Scheibenwelt sind die Muster allerdings keine Hexagramme wie beim *I-ching,* sondern Oktagramme. *(Gevatter Tod)*

4 Das alte Ägypten[1] *(Pyramiden)*

5 Bruthas Gestalt, sein enormer Intellekt und der Umstand, daß ihn die anderen Jungen »großen dummen Ochsen« nennen, sollten den Kenner an den heiligen Thomas von Aquin erinnern. *(Einfach göttlich)*

6 Der von einer Mauer umgebene Garten soll zumindest einige Elemente von Coleridges Xanadu in »Kubla Khan« enthalten. *(Der Zauberhut)*

7 Ein Teil der Assassinenschule-Szenen in *Pyramiden* erinnert an *Tom Brown's Schooldays* (1857) von Thomas Hughes, wobei Fliemoe die Rolle des Kameradenschinders Flashman übernimmt.[2] Die Warnung »Wenn er dich zu einem Toast in seinem Zimmer einlädt – *geh nicht hin*« sollte Hughes-Fans an die bevorzugte Foltermethode der Flashman-Bande erinnern.

8 Pan ist wie Hoki ein Standard-Naturgott, der sich als eine Mischung aus Mensch und Ziege zeigt und Flöte spielt – in Hokis Fall sehr schlecht. *(Das Erbe des Zauberers)* Angedeutet wird hier auch noch die Existenz einer anderen, schelmischen Gottheit. Es gibt zwei Hinweise auf sie: erstens

1 Ägyptologen als das »alte Königreich« bekannt. Deshalb finden sie es urkomisch, wenn sie Graffitis wie »KHUFU HERRSCHT OK« finden.

2 *So* funktioniert Terry Pratchetts Verstand: Flashman in *Tom Brown's Schooldays* hat einen Kumpel namens Speedicut. Den gleichen Namen hat oder hatte ein Rasenmähermodell, was auch für Flymo gilt, und …

im Namen und zweitens in der Tatsache, daß Hoki auf Würdentracht verstoßen wurde, weil er den Trick mit der explodierenden Mistel am Blinden Io ausprobierte ... Sie bekommen einen halben Punkt, wenn Ihre Antwort »Loki« lautet.

9 Das Bauernhaus, das in *Total verhext* auf Nanny landet, geht natürlich auf das ähnlich beschaffene Gebäude zurück, das in L. Franck Baums *The Wizard of Oz* (1900) durch einen Sturm von Kansas nach Oz geweht wurde. Zum Glück tötete es bei der Landung die böse Hexe des Ostens. Zu ihrem Kater meint Nanny: »Weißt du, Greebo, ich glaube nicht, daß wir in Lancre sind.« Abgesehen vom Buch gibt es auch noch den Film, der in *Voll im Bilde* erwähnt wird und in dem eine gelbe kranke Kröte erscheint ...

10 Erinnert verdächtig an die britische Führerscheinprüfung. Besonders jener Teil, als der sadistische Prüfer sein Opfer auffordert, ein Schild zu identifizieren, das er falsch herum hält. *(Pyramiden)*

Fakultät für COLOPHONIK

…oder für *Berühmte Letzte Worte.* Welche Personen meldeten sich mit folgenden denkwürdigen Worten ab:

1 Dachte ich mir.
2 Ich denke darüber nach.
3 Ja. Das stimmt.
4 Ja. Ja, natürlich.
5 Aber ich *glaube* gar nicht an die Reinkarnation!
6 *Alle* sollen sehen, was jetzt passiert.
7 Ich würde mich nur ungern daran erinnern, sehr gelitten zu haben… Was passiert jetzt?
8 Im großen und ganzen… Ich glaube, es ist einen Versuch wert.
9 Mehr als eintausenddreihundert, fürchte ich.
10 Erwarten mich im Jenseits vielleicht… Chöre und so?
11 Aber in dem Lied ist von einer schrecklichen Wüste die Rede…
12 Es *gefällt* mir.

Bonusfrage: Welche dieser Bemerkungen ist hinsichtlich des Zeitpunkts ungewöhnlich?

ANTWORTEN

1 Deccan Ribobe *(Voll im Bilde)*

2 Bjorn Hammerhock in *Helle Barden,* als er über Tods freundlichen Hinweis nachdenkt, daß er durch die Reinkarnation erneut zu Bjorn werden könnte.

3 Drum Billet *(Das Erbe des Zauberers)*

4 Vorbis *(Einfach göttlich)*

5 Herr Pfundler, als er durch die Reinkarnation zu einer Ratte wird. *(Mummenschanz)*

6 Lord Hong *(Echt zauberhaft)*

7 Zebbo Klaufix, Dieb Dritter Klasse *(Wachen! Wachen!)*

8 Herr Zervelatwurst in *Echt zauberhaft.* Er freut sich über die Chance, Walhalla kennenzulernen und nicht in das Jenseits zu gelangen, das normalerweise für Schullehrer bestimmt ist. (Er fürchtet, daß ihn dort viele Sportlehrer erwarten.)

9 Die vielen Mumien von Djelibeby *(Pyramiden)*

10 Der Chorleiter Dr. Unterschaft *(Mummenschanz)*

11 General Fri'it von Omnien *(Einfach göttlich)*

12 Beano der Clown in *Helle Barden,* als er von Tod erfährt: Das Jenseits mag viele Mysterien enthalten, aber es gibt dort weder Sahnetorten noch Pappnasen oder Flatterhosen; er braucht dort nicht einmal zu jonglieren.

Bonuspunkt: Nur Lord Hong sprach seine letzten Worte aus, *bevor* er starb.

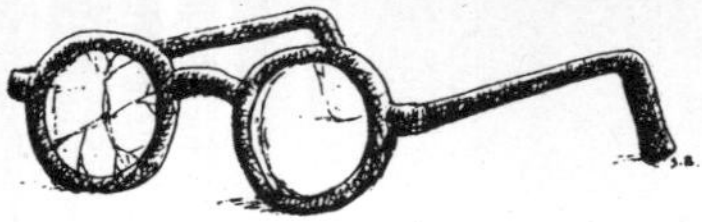

Fakultät für KURIOSITÄTIGES IV

Finden Sie in den einzelnen Aufzählungen dasjenige Element, das auffällt wie etwas sehr Auffälliges:

1 Quezovercoatl, Urglefloggah, Astfgl, Rerpf, WxrtHltljwlpklz, Riinjswin.
2 Schpeim, Wespenmilch, achorionisches Purpur, Teufelssaft
3 Chondrodit, Kohlenhaltig, Gigalit, Silikarus, Monolitz.
4 Läutende Sonnenuhr, Denkmal von Quirm, Hängende Gärten von Ankh, Triumphbogen, Messingbrücke, Koloß von Morpork.
5 Baron, Herzog, Junker, Graf, König.
6 Ungebundene Alchimisten, Mikrolithenfilme, Jahrhundert des Flughunds, ParaMountain, Tannenstudios.
7 Lachsalven-Buch, Lachsalven-Grimoire, Buch des unheimlichen Spaßes, Grimoire des unheimlichen Spaßes.
8 Voltan der Unbesiegbare, Jenkins der Unsterbliche, Hrun der Barbar, Hubert der Starke, Organdy Sloggo, Aufschlitzer Mungo, Gosbar der Wache.
9 Lacke, Glasuren, Sahne, Zuumchats, Zoone, Pune[1].
10 Juf, Ket, Ptah, Put, Schrubb, Teppicymon XXVII, Thrrp, Vut.

1 Es ist nicht bekannt, ob Pune etwas mit »puns« zu tun haben, dem englischen Ausdruck für »Wortspiele«.

ANTWORTEN

1 Es sind alles Dämonen, mit Ausnahme von Rerpf, der ein Kaufmann in Ankh-Morpork ist.

2 Die letzten drei Namen bezeichnen Gifte, die durchs Ohr verabreicht werden können. Schpeim hingegen ist ein Mittel gegen Schlangengift, das aus der Leber des aufblasbaren Mungos gewonnen wird. *(Pyramiden)*

3 Es sind alles Troll-Götter, mit Ausnahme von Kohlenhaltig, der ein gewöhnlicher Troll ist. *(Voll im Bilde)*

4 Alles Werke des Architekten, Landschaftsgestalters und Orgelbauers Absolut Bekloppter Johnson – mit Ausnahme der Messingbrücke. *(Helle Barden, Echt zauberhaft)*

5 Mit Ausnahme des Barons sind es Vornamen der Unten-Brüder – ihre Eltern hatten nach oben hin sehr flexible, ansonsten aber recht schlichte Vorstellungen von Klassenstruktur. *(Alles Sense)*

6 Es sind alles Klicker-Produzenten, mit Ausnahme von ParaMountain – Holy Wood selbst ist der ParaMountain. So heißt es jedenfalls in der mystischen Chronik *Das Buch des Films. (Voll im Bilde)*

7 Alles authentische Scheibenwelt-Bücher, mit Ausnahme von (bisher) des *Lachsalven-Buchs.*

8 Es sind alles einstige barbarische Helden, die zum großen Kummer von Cohen nicht mehr leben – mit der Ausnahme von Hrun, den ein schlimmeres Schicksal ereilte. Er bekam einen Job. Mit Pension. *(Echt zauberhaft)*

9 Alles Dinge, deren Herstellung Esk angeblich von Oma Wetterwachs gelernt hat – mit Ausnahme von Zoonen. Das sind die Leute, denen sie davon erzählt. *(Das Erbe des Zauberers)*

10 Es sind alles Götter von Djelibeby, mit Ausnahme von Ptah, der im alten Ägypten verehrt wurde. *(Pyramiden)*

Fakultät für
ZAUBERSPRUCHLOGIE

Welche Zaubersprüche oder Apparate würden Sie aus den unheimlichen Arsenalen der Magie wählen, um folgendes zu bewerkstelligen:

1 Den Sorgen der Welt zu entkommen und in aller Ruhe zu rauchen.
2 Feinde in Würmer zu verwandeln.
3 Ein hübscher Blumenstrauß im Notfall.
4 Einen Räuber in einen Kürbis zu verwandeln.
5 Eine sehr schwere und aufmüpfige Last über eine hohe Mauer zu bringen.
6 Damit der Gegner seitlich gegen die Mauer stößt und dort festklebt.
7 Für ein heftiges, örtlich begrenztes Erdbeben.
8 Entstehung, Entwicklung und Blütezeit einer Spezies riesenhafter Reptilien, alles innerhalb von fünf Minuten.
9 Um bestimmte Religionen zu zählen.
10 Für das richtige Ausbrüten von Schildkröteneiern.

ANTWORTEN

1. Maligrees Wundervoller Garten *(Der Zauberhut)*
2. Thaumaturgische Metamorphosen – ein Zauberspruch der Achten Stufe. *(Die Farben der Magie)*
3. Eringyas Überraschendes Bukett *(Alles Sense)*
4. Mumucks Morphischer Resonator *(Lords und Ladies)*
5. Gindels Müheloser Heber *(Voll im Bilde)*
6. Atavarrs persönlicher Gravitationsumkehrer *(Die Farben der Magie)*
7. Herpettys Seismischer Reorganisator *(Alles Sense)*
8. Pelepels Zeitweiser Kompressor *(Der Zauberhut)*
9. Numeri Riktors Rückzähler für Weltuntergangsreligionen *(Voll im Bilde)*
10. Alle acht namenlosen Zaubersprüche aus dem wichtigsten Buch der Magie, dem Oktav. *(Das Licht der Phantasie)*

Fakultät für UGH II

Hier einige weitere Fragen, die sich auf bibliothekarische Dinge beziehen:

1 Wo befindet sich die größte nichtmagische Bibliothek auf der Scheibenwelt?
2 Welches in einer begrenzten Auflage erschienene Buch wurde von Einem Ehrenmann Aus dem Khalianischen Übersetzt und enthält viele Illustrationen für den Kenner?
3 Über welches erstaunliche Thema hat Buckeltulpe ein episches, 2000 Seiten umfassendes Sachbuch geschrieben?
4 Welche schwierige Operation führte der Bibliothekar durch?
5 Welches Buch beginnt mit: »Lektion Eins, Erste Schritte«?
6 Welches gefürchtete Buch führte zur Publikation einer speziellen Ausgabe »für Studenten, mit praktischen Experimenten«?
7 Welches Buch beginnt mit einer »Vorbemerkung des Autors«, die mit »LESEN SIE WEITER…« endet?
8 Wer schrieb *Am Ankh entlang, mit Bogen, Rute und dem Stab-mit-einem-Knauf-am-Ende?*
9 Was hat es mit einem einfachen Buch auf sich, in dem nur Frauennamen und Beträge stehen?
10 Welches bekannte philosophische Werk enthält folgende Maxime: »Es ist eine echt komische Welt, das steht fest. Aber warum auch nicht? Das Lachen gehört zum Leben, oder?«

ANTWORTEN

1 Für ziemlich lange Zeit befand sie sich in Ephebe, doch am Ende von *Einfach göttlich* wechselte sie zur Zitadelle von Kom, Omniens Hauptstadt. Ein Punkt für eine dieser beiden Antworten. Ein Bonuspunkt, wenn Sie beide nennen konnten.

2 *In den Schlafzimmern des Palastes,* ein verwirrendes, aber auch sehr lehrreiches erotisches Werk, das junge Leser gut auf Leute vorbereitet, die ihnen gewisse athletische Techniken der klassischen Pseudopolitaner zeigen möchten. *(Pyramiden)*

3 Der Titel lautet: *Wie man Insekten tötet. (Helle Barden)*

4 Eine Appendektomie bei einem Buch, das im allgemeinen Durcheinander verletzt wurde, als die Bibliothek floh. *(Der Zauberhut)*

5 *Blert Zupfguts Gitarrenfibel:* »Fpiel dir deinen Weg zum Erfolg, mit drei leichten Lektionen und achtzehn nicht fo leichten.« *(Rollende Steine)*

6 Das Nekrotelicomnicon. Die Studenten erhielten eine entschärfte Lehrbuchversion und nicht die Originalausgabe. So wurde verhindert, daß ihnen das Gehirn aus den Ohren quoll und sich die Haut von den Händen löste, um an den Armen emporzukriechen. *(Voll im Bilde)*

7 *Lords und Ladies* von Terry Pratchett. Es ist nicht bekannt, ob es in der Unsichtbaren Universität eine Ausgabe davon gibt. Aber der Bibliothekar kann bestimmt eine auftreiben, wenn nötig im B-Raum.

8 Mustrum Ridcully, Erzkanzler der Unsichtbaren Universität *(Rollende Steine)*

9 Gemeint ist Hauptmann Mumms Liste von Witwen und Waisen verstorbener Mitglieder der Wache, die er heimlich finanziell unterstützt. *(Helle Barden)*

10 *Meditationen* von Didaktylos *(Einfach göttlich)*

Fakultät für LINGUISTIK II

Hier einige weitere recht ungewöhnliche Ausdrücke, deren Bedeutung Sie herausfinden sollen. Kommen Sie damit ebenso gut zurecht wie Nanny Ogg?

1 Altes Ankh-Morporkianisch: *Ichus non sapiens.*
2 Assassinenjargon: Pfaffen
3 Trob oder BinTrobisch: *[zensiert… das schlimmste Wort in der Sprache]*
4 Zeichen an Baum: *Punkt Punkt Punkt Strich Punkt Strich*
5 Magische Bezeichnung: *Tabernae vagantes*
6 K'turni: *P'ch'zarni'chiwkov.*
7 Medizinischer Jargon: *Mortis portalis tackulatum.*
8 Umgangssprachlicher Ausdruck: Ronald
9 Cumhoolisch: *Squernt*
10 Psychologischer Jargon: *Reja vu*

Fakultät für Linguistik II

ANTWORTEN

1 »Mich soll der Schlag treffen, wenn ich wüßte, was es mit diesen komischen Zeichen auf sich hat.« Nur wenige wissen, daß Albert hier nicht Unwissenheit gesteht, sondern den Text übersetzt. *(Gevatter Tod)*

2 Überschuhe, die vor vergifteten Dornen und Fußangeln schützen. Ihren Namen verdanken sie dem Umstand, daß sie Sohlen retten. *(Pyramiden)*

3 Du kleiner solcher, der einen kupfernen Nasenring trägt, während eines schweren Gewitters in einem Fußbad auf dem Berg Raruaruaha steht und ruft, das Gesicht der Blitzgöttin Alohura sähe wie eine kranke Uloruaha-Wurzel aus! *(Die Farben der Magie)*

4 Sie finden sich »mitt-bei-drehwärts, eine Meile vom Dorf (dem Blöden Kaff) entfernt.« *(Das Erbe des Zauberers)*

5 »Wandernde Läden«. Gemeint sind auf magische Weise erscheinende Geschäfte, in denen man die seltsamsten Dinge kaufen kann. Allerdings sind sie plötzlich verschwunden, wenn man sich darüber beschweren will, daß etwas nicht funktioniert. *(Das Licht der Phantasie)*

6 »Das gräßliche Geräusch eines Schwerts, das hinter einem aus der Scheide gezogen wird, wenn man gerade dachte, den letzten Gegner erledigt zu haben.« *(Das Erbe des Zauberers)*

7 »Tot wie ein Türnagel.« *(Pyramiden)*

8 Offenbar ein Synonym für »Mistkerl« – nur auf diese Weise erinnert man sich an den unangenehmen Ronald den Dritten von Lancre. *(Total verhext)*

9 »Das Gefühl, wenn man feststellt, daß der vorherige Benutzer des Aborts kein Papier übriggelassen hat.« *(Das Erbe des Zauberers)*

10 Das Gegenteil von *Déjà-vu … »Ich werde noch einmal hier sein.«* (Pyramiden)

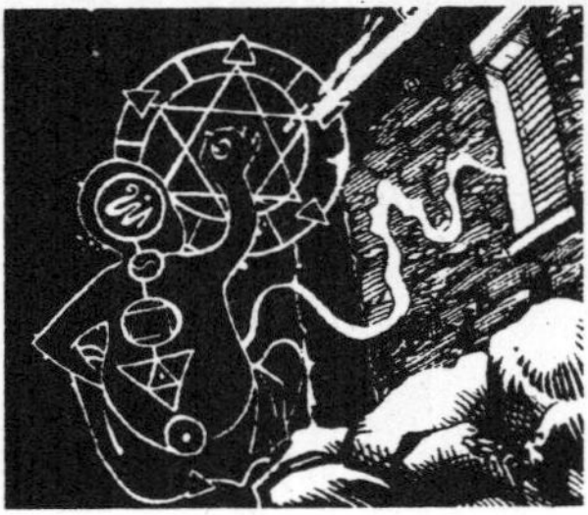

Fakultät für THEOLOGIE

Folgende Fragen beziehen sich auf die eindrucksvollen spirituellen Wesen der Scheibenwelt sowie religiöse Orden…

1 Wer war Hut?
2 Welches einzelne Wort bedeutet »ein kurzes und völlig unnötiges Observanzritual, das die Heiligen Balancierenden Derwische von Otherz täglich vollziehen«?
3 Wer war der fünf Meter große Bergtroll, der ganz plötzlich teleportiert wurde, um sich dann Rincewind und Zweiblum gegenüberzusehen?
4 Hochbegabte Lauschende Mönche können erstarrte Echos in Ammoniten und Bernstein hören. Auf welches Material war der beste Horcher spezialisiert?
5 Welcher Gott ist nur einen knappen Meter groß, hat Hasenohren, kleine Hörner und die Fähigkeit, sehr schnell zu laufen, wovon er häufig Gebrauch macht?
6 Welcher Gott benutzt Pappnasen und siebzig verschiedene Hämmer, um der Donnergott jedes Scheibenwelt-Pantheons zu sein?
7 Wessen sakrales Symbol bestand aus kunstvoll verzierten fliegenden Enten?
8 Welches symbolische Objekt repräsentiert Patina, die ephebianische Göttin der Weisheit?
9 Es gab acht von ihnen, und angeführt wurden sie – soweit man sich erinnern kann – von Kantalupe.
Wer waren sie?

10 Der Priester *welchen* Gottes rief einen leidenschaftlichen sportlichen Kommentar in einen Rohrkolben, um anschließend den Krokodilen zum Fraß vorgeworfen zu werden?
11 Wie lautet der angemessene Name eines Gottes der Winde?
12 Könnte dies der Gott von Supermärkten sein?

Fakultät für Theologie

ANTWORTEN

1 Der Geierköpfige Gott Unerwarteter Besucher *(Pyramiden)*
2 Tridlins – nach dem *Lexikon seltsamer Wörter, die einem Tränen in die Augen treiben (Wachen! Wachen!)*
3 Eine Spielfigur des Krokodilgottes Offler. Der Umstand, daß er praktisch sofort durch einen kaum vorstellbaren Zufall ums Leben kommt, hat nichts damit zu tun, daß die Lady Glück ebenfalls an dem Spiel teilnimmt. *(Die Farben der Magie)*
4 Basalt. Die anderen hörten das Geräusch am Anfang: »Eins, zwei, drei, vier.« Er hörte das Geräusch *davor: »Eins, zwei…« (Rollende Steine)*
5 Herrn der Gejagte, Gott aller kleinen pelzigen Geschöpfe, deren Schicksal es ist, ihr Leben mit einem kurzen Quieken zu beenden. Laßt uns beten. *(MacBest, Lords und Ladies)*
6 Der Blinde Io – das behauptet jedenfalls Om, der als Gott darüber Bescheid wissen müßte. *(Einfach göttlich)*
7 Der Geschmacklose Ordpor *(Alles Sense)*
8 Ein Pinguin. Es wird darauf hingewiesen, daß der Bildhauer vielleicht einen anderen Vogel im Sinn hatte. An dieser Stelle erinnern wir uns, daß Pallas Athene mit einer Eule unterwegs war… *(Einfach göttlich)*
9 Die Musen der Scheibenwelt. Nach Ansicht der Ephebianer inspirieren sie Musiker und Künstler. Kantalupe (»Ich bin ziemlich sicher, daß es nicht Kantalupe war.«) erinnert vage an Kalliope, in der griechischen Mythologie Muse der zählenden Dichtkunst. *(Rollende Steine)*

10 Cephut, im alten Königreich Gott des Eßbestecks. *(Pyramiden)*

11 Flatulus, aus dem großen ephebianischen Pantheon. *(Einfach göttlich)*

12 Mister Safe Way (dt. »Herr Sichere Heimkehr«), einer der von Frau Erzulie[1] Gogol in *Total verhext* erfundenen Voodoo-Götter, geht auf eine Supermarktkette namens »Safeway« zurück. Die entsprechende Inspiration stammte nach Terry Pratchett von einer lokalen Kette, die seine Aufmerksamkeit mit dem Namen »Carrefour« weckte – dieser erinnerte ihn an Maître Carrefour, Herrn der Scheidewege, aus dem »echten« Voodoo-Pantheon.

1 *Sie* wußten natürlich, daß »Erzulie« der Name eines anderen Voodoo-Geistes ist…

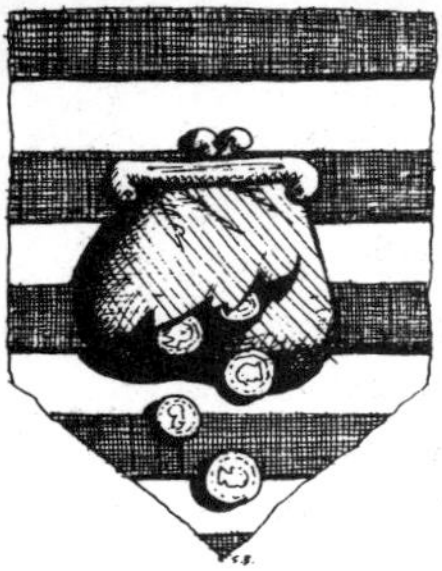

Fakultät für KLEPTOPHILIE

Was wurde gestohlen…

1 Aus der Bibliothek der Unsichtbaren Universität?
2 Von Bruder Bein vom Altar des Offler-Tempels?
3 Von Larry der Fuchs oder Fezzy das Wiesel aus dem Trollkopf?
4 Von Hierundheute den Göttern?
5 Dem Erzmagus von Ymitury?
6 Aus dem Opernhaus, und anschließend sah man es mit mindestens sieben unterschiedlich langen Beinen fortgehen?
7 Aus dem *Odium?*
8 Aus dem Verlorenen Unheilstempel des Krokodilgottes Offler im dunkelsten Wiewunderland?
9 Aus der Unsichtbaren Universität, um später nach Klatsch gebracht zu werden?
10 Aus dem Museum der Assassinengilde?
11 Aus dem unbezwinglichen Palast des Erzmandriten von B'Ituni?
12 Vorübergehend aus der Nähe des Hiergibt'salles-Platzes, als Studentenstreich?

ANTWORTEN

1 Tubal de Malachits *Buch der Drachenbeschwörung,* von Bruder Finger. *(Wachen! Wachen!)*

2 Das Altargold. Er fertigte daraus ein Horn, das magische Musik spielte, wodurch Bruder Bein als Sündiger Mönch in die Musikgeschichte einging. *(Rollende Steine)*

3 Der Hut des Erzkanzlers – was sich als sehr unklug erwies. *(Der Zauberhut)*

4 Feuer. Aber er fand keinen Hehler dafür, weil die Beute zu heiß war. *(Helle Barden)*

5 Sein Stab, der Gürtel mit den Mondjuwelen und sein Leben – etwa in dieser Reihenfolge. Angeblich steckte das Wiesel dahinter. *(Die Farben der Magie)*

6 Ein Piano *(Rollende Steine)*

7 Ein Teil des Films *Schatten der Wüste,* der Felsen zeigte, herausgebissen vom Bibliothekar. *(Voll im Bilde)*

8 Offlers Träne, größter Diamant auf der Scheibenwelt. Tod löste ihn von der edelsteinverzierten Offler-Statue. *(Alles Sense)* In *Das Licht der Phantasie* erzählt Zweiblum, daß auch Cohen der Barbar einmal den heiligen Diamanten von der riesigen Statue Offlers stahl. Vielleicht wurde er später zurückgebracht. Oder es handelte sich um eine andere Statue. Wer weiß?

9 Der Hut des Erzkanzlers, von Conina. *(Der Zauberhut)*

10 Das Gfähr, ersonnen von Leonard von Quirm. *(Helle Barden)*

11 Das Schwert Kring, vom Barbaren Hrun. *(Die Farbe der Magie)*

12 Die Unsichtbare Universität *(Rollende Steine)*

Fakultät für Verborgene Verbindungen III

Und noch einmal: Wo erkennen Sie Scheibenwelt-Verbindungen (oder mögliche morphische Resonanzen):

1 Kleopatra
2 Ernst Stavro Blofeld
3 Federal Express
4 J. R. »Bob« Dobbs, Hoher Eingeweihter der Kirche des Halben Genies
5 Beowulf
6 Glühlampen-Witze
7 AREPO TENET OPERA ROTAS
8 Jack Vance
9 *A Dictionary of Historical Slang* von Eric Partridge
10 Trivial Pursuit

Fakultät für Verborgene Verbindungen III

ANTWORTEN

1 Offenbar Königin Ezeriel von Klatsch, die viele Geliebte hatte, in Eselsmilch badete und sich tragischerweise auf eine Natter setzte. *(Gevatter Tod)*
2 Dieser Schurke aus einem James-Bond-Film hatte die Angewohnheit, eine weiße Katze zu streicheln, während er

Leute zu einem gräßlichen Tod verurteilte. Er wird in *Der Zauberhut* erwähnt und mit dem Patrizier verglichen.

3 Der ephibianische Götterkurier heißt nicht etwa Merkur, sondern Fedecks. *(Einfach göttlich)*

4 Seltsam, aber wahr: Der Comic von *Das Licht der Phantasie* (Teil II, Seite 6) zeigt ein Bild von »Bob«, das ihn als »Objock der Verkäufer« den Tierkreiszeichen der Scheibenwelt hinzufügt. Vielleicht gibt es sogar einen Grund dafür.

5 Eine Parodie der Beowulf-Legende ist in *Wachen! Wachen!* enthalten – als Beispiel dafür, wie hochnäsig Ungeheuer heutzutage sind: »Ich hab da von einem Burschen gehört. Er tötete das Ungeheuer im See, war überhaupt kein Problem, und als er anschließend einen Tentakel über die Tür hängte… Die Mutter des erlegten Monstrums kam und beschwerte sich. Am nächsten Tag marschierte sie geradewegs durch den Flur und *beschwerte* sich.«

6 Auf der Scheibenwelt sind es natürlich Lampendocht-Witze: »Wie viele Trolle…?« *(Der Zauberhut)*

7 Vier Worte aus einem alten Palindrom, einem Quadrat aus fünf mal fünf Worten, manchmal auch bekannt als Sator Square (Hiergibt'salles-Platz), den wir aus Ankh-Morpork kennen. *Pedanteriealarm:* Von diesem lateinischen Wortquadrat wird manchmal behauptet, es sei frühen christlichen Ursprungs, aber es reicht bis mindestens 79 AD zurück: Man fand es an einer Gipssäule in Pompei.

8 Die Verbindung ist nicht besonders klar, zugegeben. In seinem Werk *The Dying Earth* (1950) begründete Jack Vance die Fantasy-Tradition, Zaubersprüche nach ihren Schöpfern zu benennen (»Phandaals Mantel der List«). Man kann sie sich nur schwer merken, sie beanspruchen wichtigen geistigen Platz und nutzen sich ab, wenn sie ausgesprochen werden. Beim Spiel »Dungeons & Dragons« griff man darauf zurück (wie auch auf andere Dinge aus den magischen Welten von Jack Vance), und deshalb bot sich eine Parodie in der Scheibenwelt an.

9 In diesem Werk (und anderen) sind früher benutzte Schlagwörter aufgelistet, die hier und dort in Scheibenwelt-

Dialogen auftauchen. Deshalb benutzte der Zauberer Windle Poons Ausdrücke, die aus dem 19. Jahrhundert stammen (was durchaus seinem Alter entspricht) wie »Draw it mild!« »How's your granny off for soap?« und »Twopence more and up goes the donkey!«. (Im Original von *Moving Pictures/Voll im Bilde.)*

10 Die Götter der Scheibenwelt spielen »Suche nach Bedeutung«. *(Der Zauberhut)*

Fakultät für MEGANUMEROLOGIE

Alle Antworten auf die folgenden Fragen sind Zahlen mit drei oder mehr Stellen. Es gibt einige »eingebaute« Hinweise.

1 Welches Ergebnis bekommt man, wenn man Höhe plus Länge der Großen Pyramide von Tsort durch die Hälfte ihrer Breite teilt? (Abgesehen von leichten Kopfschmerzen ...)
Alternative und etwas leichtere Frage: Wie lautet die Zahl auf Hauptmann Mumms Dienstmarke der Stadtwache (Nachtschicht) von Ankh-Morpork?
2 Vor wie vielen Jahren – ungefähr – wurde die Unsichtbare Universität gegründet?
3 Wie viele anerkannte Scherze sind den Mitgliedern der Gilde der Narren und Witzbolde erlaubt?
4 Der wievielte Abt der Geschichtsmönche beauftragte Lu-Tze mit seiner Mission und spielte später Schach mit dem Tod?
5 Wie viele Gebote standen auf dem Portal der Zitadelle in Kom geschrieben?
6 Wo in der unheimlichen Ulmenstraße trifft sich der Klub des neuen Anfangs?
7 Ungefähr wie alt ist das alte Königreich von Djelibeby?
8 Welche Nummer hat das Oktagramm, das in einem bestimmten Weissagungssystem »Illegalität, die Nichtbüßende Gans« genannt wird?
9 In welchem Jahr starb König Grünbeer der Gute von Lancre?
10 *Wie* viele Elefanten?

ANTWORTEN

Die unglaubliche geistreiche Numerierung der Fragen sollte Ihnen dabei helfen, sich an die großen Zahlen zu erinnern. Wenn Sie das geahnt haben und bei der ersten Ziffer sicher waren, so bekommen Sie einen halben Punkt, selbst dann, wenn Sie den Rest der Antwort nicht wußten.

1 1,67563 oder 1,23798712567mal die Differenz zwischen dem Abstand der Sonne und dem Gewicht einer kleinen Orange. Sie bekommen einen Punkt für jede Antwort, die um höchstens 20 Prozent von den genannten Werten abweicht – oder dafür, daß Sie sich an die Sache mit der Sonne und der Orange erinnern. *(Das Licht der Phantasie)* Falls Sie die alternative Frage gewählt haben: Mumms Dienstmarke trägt die Nummer 177. *(Helle Barden)*

2 Vor etwa 2.000 Jahren.

3 Das sehr ernste *Buch des unheimlichen Spaßes* der Gilde beschreibt 383. Offizielle neue Scherze oder Witze können nicht so einfach hinzugefügt werden. Der Großvater des Narren in *MacBest* schaffte sieben neue, aber immerhin gewann er auch viermal hintereinander den Großen Preis der Trottel und Idioten.

4 Der 493ste. Sein Name ist nicht überliefert. *(Einfach göttlich)*

5 512, und es wurden weitere erwartet, als der Achte Prophet von Om erschien.[1] Angesichts solcher Zahlen begreift man, wie unreligiös es ist, mit nur zehn Geboten auszukommen. *(Einfach göttlich)*

6 In Nummer 668 *(Alles Sense).* Diese Zahl erinnert uns an die geplante, aber nie geschriebene Fortsetzung von Gaimans und Pratchetts *Ein gutes Omen.* Sie sollte *668: Die Nachbarn des Tiers* heißen.

7 Etwa 7.000 Jahre. *(Pyramiden)*

1 Letztendlich entwickelten sich die Dinge dann ganz anders.

8 8.887 *(Gevatter Tod)*
9 967 *(MacBest)*
10 »Mit 1.000 Elefanten!« *(Voll im Bilde)*

Fakultät für GASTROLOGIE III

Ein weiterer kleiner Happen von diesem Thema schlägt uns bestimmt nicht auf den Magen…

1 Nach dem Rezept beginnen sie als Ehrenvolle Jungfern, aber…
2 Es ist sehr wichtig – sogar lebenswichtig –, vor dem Verzehr alle Teile des Magens, der Leber und des Verdauungstrakts zu entfernen.
3 Eine mehr oder weniger runde Spezialität mit der Beschaffenheit von Holz. Wenn man darauf klopft, hört es sich an, als riebe ein Lineal über die Schreibtischkante.
4 Ein grünes Etwas, das man mehrmals mit dem Löffel schlagen mußte, damit es nicht weglief.
5 Der Unterschied zwischen Käse aus Lancre und Käse aus Quirm.
6 Der Quästor der Unsichtbaren Universität sprach in diesem Zusammenhang von »enorm viel für sein Geld«.
7 Wenn man die Sache aus dem Blickwinkel eines Unterprivilegierten sieht, ist dies die besondere Attraktion der Assassinengilde, jeweils am Mittwochabend.
8 Auf dem Gegengewicht-Kontinent das soziopolitische Äquivalent des Apfelkuchens in den Vereinigten Staaten.
9 Ist nur richtig, wenn es in Flüssen versenkt, wieder hervorgeholt, in den Boden gestampft und dort gelagert wird, damit man es jeden Tag herausholen, anschauen und wieder weglegen kann.
10 Der Mangel an Mayonnaise beeinflußte die ganze Evolution der Scheibenwelt.

ANTWORTEN

1 »…wenn man sie etwas länger im Backofen läßt, gehen sie von ganz allein auf.« Das ist typisch für Nanny Oggs kulinarische Drohungen. *(Mummenschanz)*

2 Vielleicht die teuerste Spezialität auf der *Squishi*-Speisekarte: Tiefsee-Blähfisch, *Singularis minutia gigantica.* Aus den Organen dieser Lebensform wird das Gift »Bläher« gewonnen. Wer eine falsch zubereitete Portion dieses Fisches ißt, muß damit rechnen, daß sich jede Zelle seines Körpers plötzlich um das Zweitausendfache ausdehnen will. Eine Beerdigung ist nicht nötig, nur die Wände müssen neu gestrichen werden. *(Pyramiden)*

3 Zwergenkuchen. »Ein kleines Stück davon, und für den Rest des Tages wollt ihr nichts mehr essen.« *(Wachen! Wachen!)* Sie bekommen einen halben Punkt, wenn Sie das woanders erwähnte, aber nicht ganz mit dieser Spezialität identische Zwergen*brot* genannt haben.

4 Joghurt, und zwar *lebendiger.* Ein Sonderangebot von Das-ist-praktisch-geschenkt Schnappler. »Am Stiel!« *(Einfach göttlich)*

5 Lancre-Käse hat Löcher, Quirm-Käse dagegen blaue Adern. *(Rollende Steine)*

6 Gemeint ist das Gehalt des »besten Bibliothekars, den wir je hatten«. Es besteht natürlich aus Erdnüssen. *(Voll im Bilde)*

7 Es steht »Verschiedenes vom Grill« auf dem Speiseplan, und immer bleibt die Blutwurst übrig – ein wahrhaft gefundenes Fressen für den Wunderhund Gaspode. *(Helle Barden)*

8 Roher Fisch. Amerikanische Ideale (die immer wieder in gut klingenden Reden zum Ausdruck kommen) betreffen unter anderem Mutterschaft und Apfelkuchen. In *Echt zauberhaft* hat Zweiter Kleiner Wang ähnliche Gefühle für Mutterschaft und rohen Fisch.

9 Zwergenbrot. Es schmeckt noch besser, wenn eine Katze darauf uriniert hat. *(Total verhext)*

10 Das nicht sehr schmackhafte Ei-und-Kresse-Sandwich, das Rincewind vom Schöpfer höchstpersönlich erhielt, und zwar in der Leere kurz vor dem Beginn: »Es werde ein Sandwich mit Ei und Kresse oder so.« Das Leben entwickelte sich aus den klugerweise nicht verspeisten Resten. *(Eric)*

Fakultät für PSCHIKOLOGIE

Ein kleiner Test, der Geistreiches betrifft. Welche Hexe …

1 Hinterließ einen auf Kürbisse fixierten Zauberstab?
2 Schuf ein ganz einfaches Rezept, das dazu diente, Knochen mit heißem Blei zu füllen? (»Man besorgt sich nur ein wenig heißes Blei …«)
3 Machte dem Schicksal ein Angebot, das es nicht ablehnen konnte?
4 Leistete wichtige Hilfe dabei, eine Überbevölkerung der Stadt Ohulan Kutasch zu verhindern?
5 Litt an einem vorübergehenden Spuk ihrer Schürze?
6 Wurde von Oma Wetterwachs beneidet, weil sie schon mit 20 Jahren alle ihre Zähne verlor und auf glaubhafte Weise ein altes Weib darstellen konnte?
7 Ging eines Tages Borgen, kehrte nie zurück und ist jetzt vielleicht eine Blaumeise?
8 Konnte eine Zeitlang nicht mehr richtig sehen, weil ihr Zweites Gesicht Netzhautprobleme hatte?
9 Lehrte Oma Wetterwachs die Hexerei?
10 War für kurze Zeit als Fee Igel bekannt?
11 Hatte eine Brust, die einem Plättbrett mit zwei Erbsen glich?
12 Erinnert vage an die Romane *Dead Souls* (1842) und *King Solomon's Mines* (1885)?

Fakultät für Pschikologie

ANTWORTEN

1 Desiderata Hohlig *(Total verhext)*

2 Gütchen Wemper. Sie bildete Magrat Knoblauch zur Hexe aus, und deshalb trifft sie die Verantwortung. *(MacBest)*

3 Lily Wetterwachs, die Patin *(Total verhext)*

4 Hilta Ziegenfinder. Verkauft »Madame Ziegenfinders ganz sichere Verhinderer«. *(Das Erbe des Zauberers)*

5 Nanny Ogg. Der Spukende – »Und vermutlich nicht der erste« – war König Verence I. *(MacBest)*

6 Mütterchen Annappel *(Das Erbe des Zauberers)*

7 Oma Postalut. Jahrelang legte Nanny Ogg etwas Schmalz und Schinkenrinde für die Blaumeise bereit, nur für den Fall. *(Lords und Ladies)*

8 Mütterchen Dismass *(Total verhext)*

9 Mütterchen Oweh.[1] Oma Wetterwachs brüstete sich: »Dazu brauchte sie eine Woche, und ich hatte jeden Nachmittag frei.« *(Lords und Ladies)*

10 Nanny Ogg, aufgrund ihrer bedauerlichen Angewohnheit, bei allen unpassenden Gelegenheiten[2] das Igel-Lied zu singen. *(Total verhext)*

11 Magrat Knoblauch *(MacBest)*

12 Frau Gogol aus Gennua in *Total verhext*. Der russische Autor von *Dead Souls* heißt Nikolai Gogol. In *King Solomon's Mines* von H. Rider Haggard gibt es eine weitaus bösere schwarze Hexe namens Gagool.

1 Wenn Sie Gütchen Filter genannt haben ... Nicht schlecht, aber *MacBest* erwähnt nur, daß Gütchen Filter eine alte Hexe war und dem Zirkel angehörte, in dem Oma Wetterwachs die Rolle der jüngsten Hexe (die »Magrat-Rolle«) spielte.

2 Thaumaturgischen Forschern ist es noch nicht gelungen, eine passende zu entdecken.

Fakultät für Zechkultur

Alle Fragen drehen sich um ein ganz bestimmtes Thema:

1 Das erste Etwas (oder die ersten acht Dinge), das sich Henry Faul wünscht, nachdem er verkündet hat, den letzten Tintenfischtentakel gekaut zu haben.
2 Rincewind hielt Huris für kleine Röhren, um es aufzusaugen.
3 Wird aus Kaktussaft und Skorpiongift hergestellt.
4 Man sollte nie zulassen, daß es mit Metall in Berührung kommt.
5 Nanny Oggs spezielle destillierte Version der vorherigen Spezialität.
6 Den Katzenjammer hat man einige Stunden vor dem Genuß.
7 Man findet es, wenn man die fleischigen Blätter von Pflanzen aufschneidet, die wie Steine aussehen.
8 Normaler Inhalt einer gewissen unteren Schublade im Wachhaus.
9 Ein silbriger, getrockneter Rückstand, den man durch Hinzufügen von Wasser in den ursprünglichen Zustand versetzt.
10 Pestilenz hielt viel davon.

Fakultät für Zechkultur

ANTWORTEN

Prost! Oder wie es in *Willkommigt in Ankh-Morpork, Statte der tausend Ühberraschungen* heißt: »Prost! Hoch die Tassen, die Luft rauslassen!«

1 Acht Halbe von Turbots wirklich seltsamem Bier. *(Mummenschanz)*

2 Scherbett *(Das Licht der Phantasie)*

3 Orakh, ein sehr starkes klatschianisches Getränk. *(Der Zauberhut)*

4 Knieweich *(Gevatter Tod)*

5 Michhautsum *(Mummenschanz)*

6 Vulnuß-Wein, oder andere Scheibenwelt-Getränke, die aus reannuellen Früchten hergestellt werden. *(Die Farben der Magie)*

7 Man bekommt etwa einen halben Liter Wasser, das leider »wie Pisse« schmeckt. *(Einfach göttlich)*

8 Jimkin Bärdrückers alter und gut gelagerter Drachenblutwhisky[1], Hauptmann Mumms bevorzugter Realitätsverscheucher *(Wachen! Wachen!)*. Nachdem er Sybil geheiratet hatte, gab er den Alkohol auf und besuchte sogar therapeutische Sitzungen und dergleichen.

9 Dehydriertes Wasser. Man findet es im Herzen der Wüste Großer Nef, und dort gibt es sehr seltsame Fische. *(Die Farben der Magie)*

10 Eierlikör mit einer Kirsche drin *(Der Zauberhut)*

1 Auch gut zum Reinigen von Löffeln geeignet.

Fakultät für Personen am Rande II

Hier können Sie noch einmal Ihr Wissen über einige Nebenpersonen, Speerträger und sonstige Statisten der Scheibenwelt auf die Probe stellen …

1 Der alte Willi Wohlig aus Weidenquelle in den Spitzhornbergen war eine Art Fetischist, der ganz aus dem Häuschen geriet, wenn er eine Frau (sogar Nanny Ogg) mit was sah?

2 Welches erschreckend respektable Institut leitete Frau Eulalie Anstand?

3 Auf welche Weise half Drumknott, Sekretär des Patriziers, beim »Auftanken« eines Nachrichten übermittelnden Sinnlosen Albatrosses, damit dieser zum Achatenen Reich zurückkehren konnte?

4 Reginald Viel stürzte, vielleicht bei einem Streit, in einen Behälter, in dem Milch gerinnt, und wurde Teil des besten Ankh-Morpork-Emmentalers, den Herrn Eimers Käserei jemals produziert hat. Doch was war der Nachteil?

5 Vetter zweiten Grades !Kck! war für die Grüne Sektion welcher großen Herde zuständig?

6 Was war das Geschäft des Familienbetriebs von Ptaclusp, Vater eines geborenen Architekten und kosmischen Ingenieurs, und ein geborener Buchhalter?

7 Pewsey Ogg, Sohn von Jason und Enkel von Nanny, war für welche Eigenschaft bekannt?

8 Was bezweckte Lord Vassenego mit seinem diabolischen Plan, der sich gegen Astfgl richtete, den König der Hölle?

9 Ovin Schmollwinkel war ein Zauberer der siebten Stufe, ausgestattet mit der Fähigkeit, Interpunktion auszusprechen. Aufgrund seiner abstrakten Konzepte in bezug auf Wissen war er mutig – oder dumm – genug, die gefährlichste Person auf der Scheibenwelt zu rügen. Wer war das?

10 Wie hieß der psychopathische Pudel, der die am wenigsten bekannte Gilde in Ankh-Morpork anführte?

Fakultät für Personen am Rande II

ANTWORTEN

1 Stiefel. Insbesondere schwarze Knopfstiefel. Seine Vorlieben waren *besonderer* Natur. *(Total verhext)*

2 Sie war die sehr gewissenhafte Direktorin des Internats für junge Damen in Quirm. *(Rollende Steine)*

3 Er fand eine Flasche mit Fischpaste in der Küche des Palastes. *(Echt zauberhaft)*

4 Herr Eimer machte sich die größten Sorgen um Reginald Viels Hosenknöpfe im Käse.[1] *(Mummenschanz)*

5 Die 1.000 Elefanten, deren epische Reise vom Wiewunderland nach Ankh-Morpork vom zwölfjährigen Organisationstalent M'Bu geplant wurde. *(Voll im Bilde)*

6 Er baute Pyramiden und alle damit zusammenhängenden Dinge. Der Betrieb hieß Ptaclusp & Co., Nekropolis-Architekten In Diensten Der Dynastien. *(Pyramiden)*

7 Pewsey galt als klebrigstes Kind im Multiversum. *(Lords und Ladies)*

8 Er wollte ihn auf der Karriereleiter nach oben oder nach unten stoßen. Schließlich überredete Vassenego Astfgl dazu, das Amt des »Obersten Präsidenten der Hölle auf Lebenszeit« (mit Topfpflanzen) zu übernehmen. *(Eric)*

1 Eine andere Sorge betraf den jungen Jammervoll, der sich an der Rührmaschine den Daumen aufschnitt – zum Glück geschah dies während der Herstellung von Erdbeerjoghurt.

9 Der Kreative Magus Münze *(Der Zauberhut)*

10 Der Große Fido, wahnsinniger Pudel und Gründer der Hundegilde. *(Helle Barden)*

Fakultät für Wahrscheinlichkeitsanalyse

Stellen Sie fest, auf was sich die folgenden Aussagen beziehen:

1 Die Chance ist eins zu einer Million, genau eins zu einer Million.

2 Wissenschaftler haben berechnet, daß die tatsächliche Existenzchance für etwas derart Absurdes ungefähr eins zu einer Million beträgt.

3 »Eine Chance von eins zu einer Million. Das Tier muß aus einer Menagerie oder so geflohen sein…«

4 »Eins zu fünfhundertachtunddreißig. Das habe ich berechnet.«

5 Es war eine Chance von eins zu einer Million, mit etwas Glück.

6 »Die Chance beträgt eins zu 999.943, aber es könnte klappen.«

7 Kommt darauf an. Die Chancen stehen eins zu einer Million.

8 Angeblich hatte man eine recht gute Chance, wenn der Prüfer nicht ausgerechnet Mericet hieß.

9 »Irgendwo geschieht *alles*. Das bedeutet, es könnte auch *hier* geschehen, selbst wenn die Wahrscheinlichkeit nur eins zu einer Million beträgt.«

10 Lady Käsedick überlegte. »Ah, ja: ›Es ist eine Chance von eins zu einer Million.‹ Und dann sagte er: ›Aber es könnte klappen.‹«

11 »Es ist eine Chance von eins zu einer Million«, sagte er [Rincewind]. »Aber es könnte klappen…«

12 »Chancen von eins zu einer Million finden in neun von zehn Fällen den Weg in die Realität«, sagte Oma Wetterwachs.

ANTWORTEN

1 Rincewinds Rückkehr aus den Kerkerdimensionen. *(Eric)*

2 Die Scheibenwelt *(Gevatter Tod)*

3 In Ankh-Morporks Straßen von einem Krokodil gebissen zu werden. *(Wachen! Wachen!)*

4 Nach Zweiblum die Wahrscheinlichkeit dafür, daß ein Haus im Roten Dreieck von Bes Pelargic durch ein Feuer zerstört wird. *(Die Farben der Magie)*

5 Die Chance dafür, daß Om in der Gestalt einer Schildkröte von einem Adler zur Zitadelle getragen wurde. *(Einfach göttlich)*

6 Was nach Auskunft von Karotte niemand sagt. Entweder »eins zu einer Million« oder gar nichts. *(Wachen! Wachen!)*

7 Die Wahrscheinlichkeit dafür, daß Tods Plan funktioniert, mit dem Geist seiner unglaublich scharfen Klinge den Neuen Tod zu bezwingen. *(Alles Sense)*

8 Die Assassinenprüfung zu bestehen. *(Pyramiden)*

9 Daß Lancres lächerlich kleine Streitmacht die gräßlichen Elfen besiegen könnte. Ridcullys Argumentation basiert auf seinem nicht besonders fundierten Wissen über Quantentheorie und den »Kontinuinuinuum-Kram«. *(Lords und Ladies)*

10 Eine dauerhafte Beziehung zwischen Hauptmann Mumm und Lady Käsedick. Die Schätzung stammt von Feldwebel Colon. *(Wachen! Wachen!)*

11 Der Plan, die achatenen Streitkräfte mit Gerüchten über 2.300.009 unsichtbare Vampirgeister in Panik zu versetzen.[1] *(Echt zauberhaft)*

12 Esks Stab zurückzuholen, den sie in den schnell fließenden Ankh warf. *(Das Erbe des Zauberers)*

1 *Vielleicht* eine Anspielung auf einen ähnlichen Trick in Eric Fank Russells SF-Roman *Next of Kin* (1958) alias *The Space Willies.*

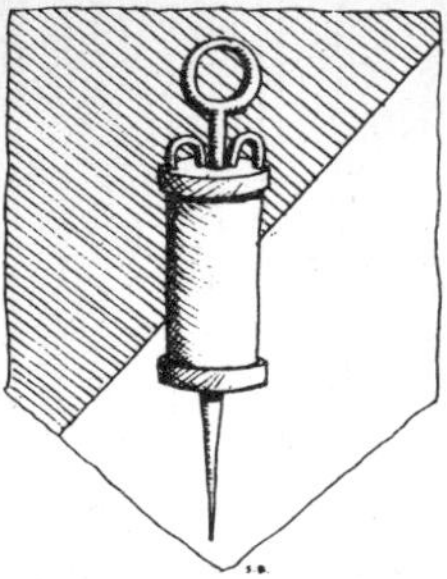

Fakultät für
SCHLIMMEN SCHLUSS II

Hier folgen weitere Beispiele dafür, wie unterschiedlich ein »böses Ende« von Fall zu Fall sein kann. Wer ist jeweils betroffen?

1 Plötzlich gefroren und zerbrochen.
2 Trank aus dem Jungbrunnen (der sich in »Weiter Ferne« befindet) und vergaß, die Flüssigkeit vorher abzukochen.
3 Ging im Alter von 119 Jahren in den Bergen klettern. Ihre letzten Worte lauteten angeblich: »Verdammter Mist!«
4 Das Ergebnis eines Experiments, basierend auf der Frage, ob ein Hexenbesen überleben kann, wenn man ihm mitten im Flug die Borsten ausreißt.
5 Glaubte vorübergehend, eine Möwe zu sein, als er am Rand einer dreißig Meter hohen Felswand stand.
6 Von einem Einhorn erstochen, als er außerhalb der Saison jagte.
7 Um der Wahrheit willen erschossen – und um einen verehrten Philosophen zu retten.
8 Zündete sich nach einem halben Krug Potzblitz-Soße (enthält unter anderem Schwefel und Salpeter) die Pfeife an und schluckte ein Stück Holzkohle, um den Magen zu beruhigen.
9 Bat um den Tod und bekam die Axt eines Holzfällers.
10 Verwandelte sich in einen kleinen Aschehaufen, als er gerade fluchen wollte – seit Jahrhunderten die erste Person, die auf solche Weise starb.

ANTWORTEN

1 Der Dieb Larry der Fuchs oder Fezzy das Wiesel. *(Der Zauberhut)*
2 Ponce da Quirm *(Eric)*
3 Die alte Hexe Amabel Piewig. Solch einen Tod hätte sie sich gewünscht. *(Total verhext)*
4 Die Hexe Gütchen Wemper. Die Antwort auf ihre Frage lautete ganz offensichtlich *nein.* *(MacBest)*
5 König – und sogar Gott – Teppicymon XXVII *(Pyramiden)*
6 William Pirsch in Lancre. Die Götter wußten es vermutlich zu schätzen, daß er starb, als er eine vom Aussterben bedrohte Spezies jagte. Nur Götter können herzhaft über so etwas lachen. *(Lords und Ladies)*
7 Gefreiter Dervi Ichlos aus Omnien, von Feldwebel Simony getötet, als er pflichtbewußt seine Armbrust auf den fliehenden Didaktylos richtete. *(Einfach göttlich)*
8 Erzkanzler Mustrum Ridcullys Onkel, Ridcully Senior (Vorname unbekannt) *(Alles Sense)*
9 Der große, böse und sehr widerwillige Wolf in Lily Wetterwachs' Version von »Rotkäppchen«. *(Total verhext)*
10 Zebbo Klaufix, Dieb Dritter Klasse. Bekam nie die Chance, mit dem Privileg anzugeben, als erster den großen Drachen von Ankh-Morpork gesehen zu haben. *(Wachen! Wachen!)*

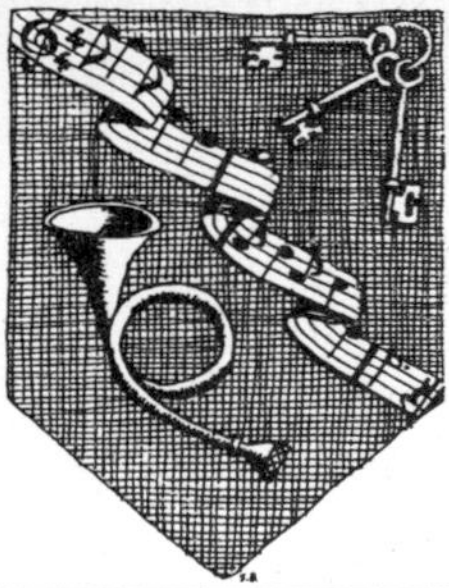

Fakultät für STÄDTE UND GILDEN

Die Gilden von Ankh-Morpork sind ein integraler Bestandteil des städtischen Lebens und (im Fall der Assassinengilde) auch des Sterbens. Wie gut kennen Sie sich aus?

1 Es macht nicht viel Spaß, ein Flötenspieler zu sein.
2 Repräsentiert einen wichtigen Beruf, der zweifellos Ehrfurcht verlangt: Alle gehen auf die andere Straßenseite, wenn bestimmte Gildenmitglieder vorbeikommen.
3 Eine Gilde, die der Patrizier kürzlich verboten hat – nachdem sich viele Bürger darüber beschwerten, daß Gildenmitglieder zu ihnen kamen und meinten, wie unsicher ihre Häuser seien.
4 Von den vielen nicht miteinander synchronisierten Glocken, die am Mittag in Ankh-Morpork schlagen, erklingt die *welcher* Gilde zuerst?
5 Obergefreiter Karottes erste Verhaftung.
6 Einige der wagemutigeren Mitglieder experimentierten damit, die offensichtliche Gottheit im tiefsten Keller des Gildenhauses zu verehren. Innerhalb einer Woche starben sie alle an Armut, Mord oder einfach Tod.
7 Wollte 300 Dollar für ein Bankett mit zwölf Gängen.
8 *Nil mortifi, sine lucre.*
9 Das Haus dieser Gilde hat eine große rote Tür, und dort wurde der Schlüssel für ein wichtiges Lager aufbewahrt.
10 Explodierte etwa einmal im Monat.

ANTWORTEN

1 Oder ein Posaunist. Wenn die Gilde der Musiker jemanden findet, der ohne Lizenz ein Musikinstrument spielt, so nimmt sie besagtes Instrument und schiebt es dem Betreffenden in eine nicht genauer spezifizierte Öffnung. *(Rollende Steine)*

2 Die Gilde der Klempner, Installateure und Fallnichtrein-Leute. Letztere haben vor allem mit Jauchegruben zu tun. *(Pyramiden)*

3 Die Gilde der Feuerwehrleute wollte auf subtile Weise nachhelfen, damit Bürger Verträge abschlossen: »Sieht ziemlich leicht entzündbar aus … Brennt wahrscheinlich wie Zunder, wenn man auch nur ein Streichholz fallen läßt, du verstehst sicher, was ich meine?« *(Wachen! Wachen!)*

4 Die der Lehrergilde – sie reagiert damit auf die Gebete der Lehrer. *(Helle Barden)*

5 Urdo von Puh. Er wurde verhaftet, weil er Präsident der Gilde der Diebe, Betrüger, Einbrecher und Verbündeter Gewerbe war. Es ist natürlich unerhört, aufgrund dessen verhaftet und »wie ein gemeiner Verbrecher« behandelt zu werden. *(Wachen! Wachen!)*

6 Die Spielergilde erfuhr dadurch, wie unklug es ist, die Lady zu verehren, jene Göttin, deren Namen man nicht nennen sollte und die nur kommt, wenn man sie nicht ruft. *(Die Farben der Magie)*

7 Der Vorsitzende der Bettlergemeinschaft hielt es für nötig, um solche Dinge oder eine 16-Zimmer-Villa für die Nacht zu betteln. Er glaubte, dies sei seinem Status angemessener, als um einen halben Dollar für einen Becher Tee zu bitten. *(Wachen! Wachen!)*

8 »Kein Mord ohne Bezahlung« – die heilige Maxime der Assassinengilde. Man erwartet von Assassinen auch, daß sie eine Quittung ausstellen. *(Pyramiden)*

9 Die Fleischergilde. Obergefreiter Knuddel trat die Tür ein, als

er nach dem Schlüssel für das Zukunftsschweinlager suchte. *(Helle Barden)*

10 Das Hauptquartier der Alchimistengilde. Man konnte fast den Kalender danach ausrichten.

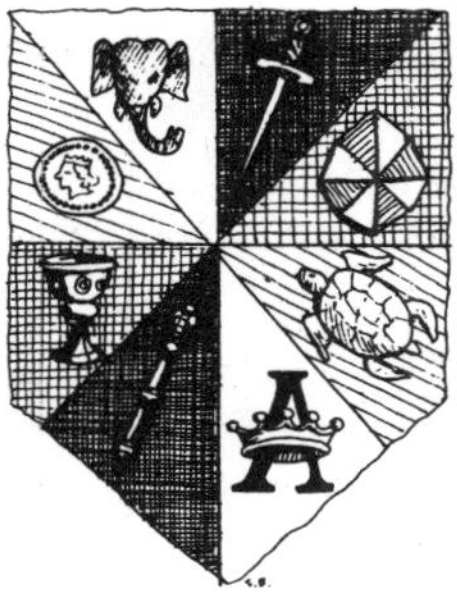

Fakultät für Radiophonik

Bei dieser Prüfung erhalten Sie mehrere kleine Holzkästen, die auf magische Weise an Drähte gefesselte Geräusche enthalten. Hören Sie gut hin und identifizieren Sie den jeweiligen Ursprung.

1 *Whäuäuäuäummmmm-iiiii-gngngn*
2 UuuuIiiiOoooIiiiUuuu
3 OoooOOOOuuuuverziehteuchoooOOOuuu
4 GroooOOOooohoofooOOoo
5 KKKkkkkkkhhheeee … kkkhheeeeeee … keeee … ee … ee … ee … uff
6 *Fippfippfipp*
7 Hnufhnufhnufblort
8 *Gong-blong-glong*
9 ACHT, Macht, kracht
10 *Kloing*
11 Aaaaiirrrrlauterschrei-knirsch-knirsch-knirsch-knack
12 Wumm … wumm … wumm … wumm … wumm … wumm … wummwumm *wummWUMM. Plib.*

ANTWORTEN

1 Ein Akkord, den Buddy aus der Band Mit Steinen Drin auf seiner ganz besonderen Gitarre spielte, und zwar beim Freien Festival im Hide Park (aber *so* genau wollten wir es gar nicht wissen). *(Rollende Steine)*

2 Sie bekommen nur einen halben Punkt, wenn Sie nicht erwähnt haben, daß das Heulen des Banshees Ixolit in *Alles Sense* kein Geräusch ist. Aufgrund einer Sprachstörung muß er sein Geheul aufschreiben und den betreffenden Zettel unter der Tür durchschieben.

3 Der untote Windle Poons bei dem Versuch, einigen Straßenräubern Angst einzujagen. *(Alles Sense)*

4 Im Lied der Trollin Rubin geht es um das herrliche Gefühl, von einem Stein, den Chondrodit, Trollgott der Liebe, schwingt, am Kopf getroffen zu werden. *(Voll im Bilde)* Das Lied erinnert ein wenig an Marlene Dietrichs Auftritt in *Der blaue Engel.*

5 Das zunächst sehr schrille, aber rasch tiefer werdende Geräusch von Djel-Pyramiden, die sich bei Sonnenaufgang entladen. *(Pyramiden)*

6 Dieses bedrohliche Geräusch stammte von einer rotglühenden Filmbüchse, die unmittelbar nach der Explosion des Odimus durch die Luft flog. *(Voll im Bilde)*

7 Der Inhaber des magischen Ladens in *Das Licht der Phantasie.* Angesichts eines so abscheulichen Lachens hat er sein Schicksal verdient.

8 Das Geräusch stammt von einer leeren Bierflasche, die übers Kopfsteinpflaster rollt, gezogen vom Skelett einer Ratte. *(Rollende Steine)*

9 Dieses unheilvolle Echo hallt durch die oktagonalen Tunnel im Tempel von Bel-Shamharoth, als das magische Schwert trotz Rincewinds Warnung fragt, warum niemand »acht« sagen soll. *(Die Farben der Magie)*

10 Die Federn von Karottes Bett verursachen dieses Geräusch,

wenn über ihnen energische Dinge geschehen, an denen meistens auch Angua beteiligt ist. *(Helle Barden)*

11 Das letzte Geräusch, das Herr Hong hörte, nachdem er den Dreimal Glücklichen Fischimbiß dort eröffnete, wo früher ein alter Tempel in der Unheilsstraße stand. Als Zeitpunkt wählte er den Abend der Wintersonnenwende, und außerdem war Vollmond. *(Helle Barden, Rollende Steine)*

12 Der Resograph, als er eine relativ geringfügige Störung im Gefüge der Realität maß. *(Voll im Bilde)*

Fakultät für Kontinuum-Ontologie IV

Und zum letzten Mal: Füllen Sie noch einmal die leeren Stellen folgender Sequenzen aus:

1 Krieg, Schrecken, Panik, …
2 Kleine Fledermaus, …, Jagende Wolke, Dicke Kühe, Drei Große Hengste.
3 Ich habe es gut gemeint; ich dachte, es würde dir gefallen; um der Kinder willen; …
4 Landfriedensbruch, tumultuarisches Benehmen, Behinderung eines Wachoffiziers bei der Ausübung seiner Pflicht, Angriff mit einer gefährlichen Waffe, …
5 Den Staub vom Altar wischen, den Tempel fegen, den Opferstein sauberkratzen, …, das Betkissen stopfen.
6 Flötenspieler, …, Springer.
7 Schniefen, Erkältet, Laufende Nase, …
8 Lord des Horizonts, Bewahrer des Weges, Dreschflegel der Gnade, der Hochgeborene, …
9 Büroklammern, kleine Nadeln aus Hemdverpackungen, Schlüssel für Briefkästen, Murmeln, Buntstiftstummel, …
10 Hong, Sung, Tang, McSweeney, …

ANTWORTEN

1 Clancy. Es sind die bekannten Angehörigen der Familie Krieg: Die Söhne heißen Schrecken und Panik, die Tochter Clancy.[1] *(Echt zauberhaft)*

2 Erwarteter Affe. Verschiedene Zeitrechnungen (Jahre), die man gleichzeitig in einem hundert Quadratmeilen umfassenden Bereich der Scheibenwelt antreffen kann. *(MacBest)*

3 Wir bieten Chancengleichheit – letzte der guten Absichten. Mit großen Lettern in den Stein der Stufen gemeißelt, die traditionell in die Hölle führen, wie Rincewind und Eric feststellen. *(Eric)*

4 Bösartiges Herumlungern. Karotte meldet diese Verbrechen, nachdem er die erste Schlägerei in der *Geflickten Trommel* erlebt hat. *(Wachen! Wachen!)*

5 Jungfernwache. Mit diesen frommen Aktivitäten entsetzt Frau Kuchen die Priester der Götter, die derzeit ihre Aufmerksamkeit erdulden müssen. *(Alles Sense)*

6 Trommler. Die drei Namen beziehen sich auf Steine des »Tänzer« genannten Steinkreises. *(Lords und Ladies)*

7 Keine Taschentücher. Die vier Reiter des gewöhnlichen Schnupfens. *(Echt zauberhaft)*

8 Der ewig lebende Herrscher – die Schlußsequenz der Titelliste des Königs von Djelibeby. Der Hohepriester Dios nennt sie auf wenigen Seiten elfmal; es gibt also nicht die geringste Entschuldigung für eventuelle Vergeßlichkeit… *(Pyramiden)*

9 Geheimnisvolle Teile von Vorrichtungen, die zum Zerkleinern von Kräutern dienen und/oder alte Kate Bush-Alben – die übliche Struktur von kontinuierlich geschaffener Materie. Vermutlich dient sie dazu, dem Mißtrauen von Kosmologen vorzubeugen. *(Eric)*

10 Fang. So heißen die rivalisierenden adligen Familien des Achatenen Reiches. *(Echt zauberhaft)*

1 Auch bekannt als Mars, Phobos, Deimos und Clancy.

Fakultät für PARAZOOLOGIE II

Noch einmal geht es um die manchmal recht sonderbaren Geschöpfe der Scheibenwelt und ihre Lebensräume …

1 In dem bekannten Lied heißt es unter anderem, bei diesem Tier sollte man besser auf einen Stuhl steigen.
2 Ein Geschöpf, das im Verlauf des Paarungsrituals Uhren baut, um darin zu nisten. Naturforscher hielten diesen Vorgang sicher für noch eindrucksvoller, wenn die Uhren nicht dauernd nachgehen würden.
3 Sie sehen aus wie eine Kreuzung zwischen einer Krabbe mit weicher Schale und einem Hochleistungsstaubsauger.
4 Ein relativistisches Tier, etwa so groß wie ein Leopard. Es ist so schnell, daß es bereits woanders ist, wenn man es sieht.
5 Oma Wetterwachs versuchte damit, einen respektlosen Alligator zu schlagen.
6 Eine Gruppe von ihnen ist als *Haufen* oder *Peinlichkeit* bekannt.
7 Er klammerte sich an der Decke fest, um nicht in einen Topf mit kochendem Wasser geworfen zu werden. (Sie würden sich vermutlich ebenso verhalten, oder?)
8 Kam mit achthundert Stundenkilometern, war sechs Meter lang, einen Zoll dick und tiefgefroren.
9 Ein sehr großes Tier. Pflegt die klösterliche Lebensweise eines Krustentiers mit weicher Schale.
10 Auch Müder Sorgentropf genannt, das Vorrecht von Königinnen.

Fakultät für Parazoologie II

ANTWORTEN

1 Gemeint ist die Giraffe. Nanny Ogg singt: »… mit einer Giraffe, wenn man auf einem Stuhl steht, doch der Igel ist in jedem Fall besser dran.« *(MacBest)*

2 Ein spezieller Kuckuck, der in den Spitzhornbergen lebt. *(Alles Sense)*

3 Besondere Fische, die fähig sind, im Ankh zu überleben. In sauberem Wasser explodieren sie. *(Rollende Steine)*

4 Der Vieldeutige Puzuma *(Pyramiden)*

5 Ein Exemplar der als »dreigestreifter Koit« bekannten Schlangenart. Es spielte mit dem Gedanken, Oma Wetterwachs in die Nase zu beißen, überlegte es sich dann aber anders. *(Total verhext)*

6 Sumpfdrachen *(Wachen! Wachen!)*

7 Jener Tintenfisch, der Teil einer besonderen brindisianischen Mahlzeit im Opernhaus sein sollte. Entsetzt hielt er sich an beiden Seiten des Topfes fest und sprang nach oben… *(Mummenschanz)*

8 Ein Känguruh von Kontinent XXXX. Es begegnete der Spitze eines Geschwindigkeitsdreiecks, das Teleportationszwecken diente. *(Echt zauberhaft)*

9 Der eremitische Elefant aus dem Wiewunderland. Wie der Einsiedlerkrebs hat er keinen Panzer, und deshalb lebt er in Hütten. Herden dieser scheuen Geschöpfe ähneln Dörfern, die übers Grasland wandern. *(Helle Barden)*

10 Der Sanfte Falke. Einen solchen Vogel gestehen die Regeln der Falknerei in Lancre einer Königin zu. Der Sanfte Falke ist klein und kurzsichtig, geht lieber, anstatt zu fliegen, und fällt beim Anblick von Blut in Ohnmacht. *(Lords und Ladies)*

Fakultät für Gemüsologie

Gemüse, Kräuter, Flora – all die Dinge, die voller stillem Spaß stecken…

1 Ideal bei Problemen der Blase.
2 Manchmal der Spitzname der größten Stadt auf der Scheibenwelt, hauptsächlich deshalb, weil man sich erst daran gewöhnen muß. (Manchmal bleiben diese Versuche erfolglos.)
3 Das magische Horn von Furgel ertönte ganz allein, wenn Gefahr drohte – und in der Gegenwart von…
4 Frunktion meinte, er sei reif, wenn er braun ist.
5 Zu ihren Auswirkungen gehören purpurne und singende Riesenschnecken, sprechende Flammensäulen und explodierende Giraffen.
6 Ein Exemplar dieses unbeabsichtigten Gemüses hält sich noch immer für ein Wiesel.
7 Ingredienz bei der experimentellen Zombie-Formel Nummer Vierundneunzig, zusammen mit der Leber vom Roten Streifenfisch.
8 Eine Geranienart – so heißt es jedenfalls im *Lexikon seltsamer Wörter, die einem Tränen in die Augen treiben.*
9 Wichtigstes Gewächs, bedeutendster Exportartikel und zentraler Bestandteil der Ernährung im Bereich der Sto-Ebene.
10 Fand ein vorzeitiges Ende im Alter von 31.734 Jahren, wodurch ein siebzehn Jahre währendes interessantes Gespräch unterbrochen wurde.

Fakultät für Gemüsologie

ANTWORTEN

1 Die fünfblättrige Alraune, nach Magrat. *(MacBest)*

2 Die Wahooni oder Wahoonie. Sie ist sechs Meter lang, hat Dornen in der Farbe von Ohrenschmalz und riecht wie ein Ameisenbär, der ranzige Ameisen verdaut. In der Tradition des »Big Apple« (New York) nennt man Ankh-Morpork »Große Wahooni«. *(Voll im Bilde)*

3 Meerrettich *(Rollende Steine)*

4 Sellerie. Nun, was haben Sie in Borgels Laden erwartet? *(Voll im Bilde)*

5 Die roten Pilze mit den gelben Flecken, die nach dem jährlichen Regen in der Wüste wachsen. St. Ungulant hat die Situation aufmerksam analysiert und vermutet, daß die singenden purpurnen Riesenschnecken usw. von den Pilzen angelockt werden. Er hat recht. *(Einfach göttlich)*

6 Kürbisse, das Ergebnis von Magrats ersten Experimenten mit dem Zauberstab der Fee. Erstaunlicherweise ergaben die späteren Experimente noch mehr Kürbisse. *(Total verhext)*

7 Wahnsinnswurzel. Es hat nicht geklappt. *(Alles Sense)*

8 Zupfel. Daher die bekannte ankh-morporkianische Redensart:»Ich hatte ihn am Zupfel.« *(Wachen! Wachen!)*

9 Kohl. Wenn man weit genug reist, gibt es eine aufregende Abwechslung zwischen den Kohlfeldern: Bohnen. Der Höhepunkt jeder Tour durch die Sto-Ebene. *(Rollende Steine)*

10 Die älteste der Zählenden Kiefern. Diese Bäume wollten Menschen daran hindern, sie zu fällen, um ihre Jahresringe zu zählen, und deshalb zeigten sie ihr jeweiliges Alter am Stamm – hier 31.734. Dieser besondere Baum mußte sein Leben beenden, weil für drei Tore in der Ulmenstraße, Ankh-Morpork – Nummer 31, 7 und 34 – Schilder benötigt wurden.[1] *(Alles Sense)*

1 Sie bekommen einen zusätzlichen Punkt für reine Pedanterie, wenn Sie Ihrer Antwort folgenden Hinweis hinzugefügt haben: Ein 17 Jahre langes Gespräch sollte eigentlich bedeuten, daß die Schilder 31, 7 und 51 lauten.

Fakultät für Parapsychologie II

Hier weitere Fragen von der Art, die Ihr Gehirn aus den Ohren quellen läßt…

1 Welche Art von Flüstern eignet sich nicht für eine Wüste?
2 Warum ist es in Omnien selbst für den geldgierigsten Kaufmann unangemessen, sich über Wasser zu halten?
3 Welches Problem hatte die schielende Meduse?
4 »Immer bleiben Flecken im Teppich, und man kriegt sie nicht einmal mit Essig weg.« Was ist dieses abscheuliche Nebenprodukt des Spiritualismus?
5 Wer zählt nicht einmal bis drei, sondern nur »eins – und viele. Viele Male«?
6 Welche Geschöpfe, die nachts in den Bergen von Syrit sich selbst überlassen bleiben, sehen am nächsten Morgen *in die andere Richtung,* ohne daß Menschen irgendeinen erkennbaren Einfluß auf sie genommen haben?
7 Welche Person setzt sich hin und *schreibt* ein irres Lachen?
8 Was wurde irrtümlicherweise für »überraschter Igel« oder »tollwütiges Wiesel« gehalten?
9 Wer bescherte nach dem *Almanach und Saatkatalog für den Farmer* 14 unbekannten Personen ein sehr fischiges Schicksal?
10 Nennen Sie einen Ausdruck für »ein lehrreiches Ding, irgendwie krumm«.

Fakultät für Parapsychologie II

ANTWORTEN

1 Heiseres Flüstern.[1] Im trockenen Djelibeby ist statt dessen das Kamelflüstern gebräuchlich. Schiffe sind »Kamele der Meere«. *(Pyramiden)*

2 In den Wüsten von Omnien dürfte es sehr schwierig sein, sich ausgerechnet über »Wasser« zu halten. Dort müßte es wohl besser heißen, »sich über Sand halten«. *(Einfach göttlich)*

3 Sie verwandelte ihre eigene Nase immer wieder in Stein. *(Wachen! Wachen!)*

4 Ektoplasma – nach Frau Kuchens Ansicht. *(Alles Sense)*

5 Kaninchen im allgemeinen, Herr Kuschelweich im besonderen.[2] *(Voll im Bilde)*

6 Schafe. Manche Phänomene bleiben für den Menschen und sein begrenztes geistiges Potential immer unerklärlich. *(Alles Sense)*

7 Offenbar der Operngeist. Er verwendet mehrere Ausrufezeichen!! Ein sicheres Zeichen für Wahnsinn – darauf weisen die Scheibenwelt-Geschichten immer wieder hin!!! Man könnte sogar vermuten, daß der Autor die Unterhose auf dem Kopf trägt!!!!! Vielleicht ist sogar beides der Fall!!!!!! *(Mummenschanz)*

8 Das Schattenspiel von Victor Tugelbends Onkel, der eigentlich »Lord Henry Skipps und seine Mannen gegen die Trolle bei der Schlacht von Pseudopolis« darstellen wollte. *(Voll im Bilde)* Wenn Ihre Antwort »Lord Herman Scoggs und seine Männer besiegen die Zwerge bei der Schlacht von Psepholis« lautet, können Sie den Punkt haben, den Sie sich ohnehin gegeben hätten.

1 Unübersetzbares Wortspiel. Im Original heißt es »hoarse whispers«, heiseres Flüstern, aber »hoarse« klingt wie »horse« (Pferd). – Anmerkung des Übersetzers.

2 Er hatte etwas gegen diesen Namen und tendierte mehr zu »Nicht-Kuschelweich« oder »Wer-mich-Kuschelweich-nennt-kann-was-erleben«.

9 »Chume, der berüchtigte Heringswerfer, brachte 14 Personen um.« *(Alles Sense)*

10 Eine Lernkurve *(Wachen! Wachen!)*

Fakultät für UNNATÜRLICHE GESCHICHTE

Hier geht es um die Aktivitäten der auf andere Weise Lebendigen...

1 Die logische Teilzeitbeschäftigung für einen pensionierten Ghul.
2 Als er hörte, daß sein Herz an der richtigen Stelle ruhte, erinnerte er sich kummervoll an das entsprechende Regal.
3 Zombie-Partner von Lady Sybil Käsedicks Anwalt.
4 Hatte zu Lebzeiten achteckige Pupillen, und seine Augen wirkten seltsam insektenartig. Vielleicht gelang es ihm damit, Partys in Stimmung zu bringen.
5 Ein letzter, endgültiger Ruheort, von dem Vampire nie zurückkehren konnten.
6 Hatte Augen wie der Zwerg, dem der Feinkostladen in der Ankertaugasse gehörte.
7 Eine vom Aussterben bedrohte Spezies, zum letzten Mal in Skund erwähnt.
8 Trug einer Dame das Gepäck die Treppe hinauf, woraufhin sie seinen Arm hochtragen mußte.
9 Unterzog sich voller Entschlossenheit einem harten Fitneßtraining, das mit Staubflocken begann. Darauf folgten Sandkörner und sogar getrocknete Erbsen.
10 Ärgerte sich sehr darüber, daß er seine eigene Krypta mit billigen Ziegelsteinen aus dem Baubedarf-Großhandel des Trolls Kreidig bauen mußte.

Fakultät für Unnatürliche Geschichte

ANTWORTEN

1 Die Ghulin Frau Drull serviert nach ihrer Pensionierung bei Kindergeburtstagen die Speisen und Getränke. *(Helle Barden)*

2 Der verstorbene König Teppicymon XXVII, als er den Einbalsamierern bei der Arbeit zusieht: Sein Herz steckt im dritten Krug auf dem obersten Regal. *(Pyramiden)*

3 Herr Schräg von Tagscheu, Schräg und Honigfleck. Tagscheu (Sybil Käsedicks Anwalt) und Honigfleck sind Vampire. Die Beförderungsaussichten in dieser Firma sind nicht besonders gut, da des toten Mannes Stiefel nie leer werden. *(Wachen! Wachen!* und *Mummenschanz)*

4 Greicha von Wyrmberg, Zauberer der fünfzehnten Stufe, vor drei Monaten von seiner Tochter Liessa ermordet. Beschloß jedoch, »zumindest inoffiziell« am Leben zu bleiben, um seine Kinder zu ärgern. *(Die Farben der Magie)*

5 Greebos Verdauungssystem. »Vampire stehen von den Toten auf. Sie kehren aus Gräbern und Gruften zurück, aber nicht aus dem Magen eines Katers.« *(Total verhext)*

6 Windle Poons in seiner neuen Rolle als Zombie. *(Alles Sense)*

7 Die fünfköpfige Vampirziege von Skund. Ein Barbar namens Kriecher der Unhöfliche sorgte dafür, daß sie vom Aussterben bedroht war. *(Echt zauberhaft)*

8 Reg Schuh, militanter Zombie und Gründer einer Organisation namens »Klub des neuen Anfangs« für vom Leben herausgeforderte Minoritäten, Motto: »Gespenster aller Länder, vereinigt euch!« *(Helle Barden)*

9 Der verstorbene König Verence von Lancre, muskulösester Geist in der ganzen Scheibenwelt-Geschichte. *(MacBest)*

10 Graf Notfaroutoe alias Arthur Winkings. Machte zuvor gute Geschäfte im Obst- und Gemüsegroßhandel und ist jetzt ein widerstrebender Vampir. *(Alles Sense)*

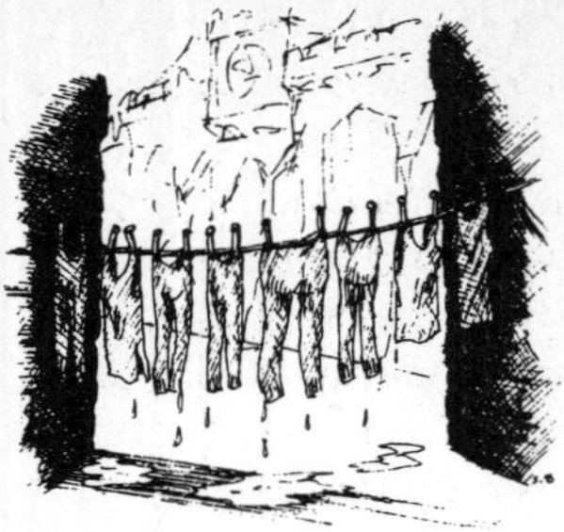

Fakultät für FREGOLOGIE

Die folgenden Objekte und Konzepte der Scheibenwelt geben ihre Geheimnisse preis, sobald Sie den gemeinsamen Faktor erkennen:

1 Kreise der Verdammnis
2 Großes schwarzes Raubtier
3 Blut und Schleim
4 Stufen
5 Ritual-Vorschrift
6 Hab…
7 Origami-Siegel
8 Schildkröten
9 Spektrale Visionen
10 Magisches Stopfinstrument

Fakultät für Fregologie

ANTWORTEN

Der gemeinsame Faktor ist eine Zahl, worauf die Bezeichnung »Fregologie«[1] hinweist. *Sie* wußten natürlich, daß der Mathematiker Gottlieb Frege im Jahr 1879[1] eine klassische

1 »Die Anzahl der Dinge in einer gegebenen Klasse ist die Klasse aller Klassen, die der gegebenen Klasse ähneln.«

Zahldefinition erarbeitete. *(Kleine Pause, gefüllt mit erstauntem Blinzeln.)* Was die Zahl betrifft – welche käme wohl in Frage?

1 Es gibt acht Kreise in der Hölle, und von der Stadt Pandämonium aus kann man sie gut erkennen. *(Eric)*
2 Acht plus Panther ergibt Achtpanther, ein weithin bekannter Name für Reiseverpflegung aus dem Achatenen Reich. *(Die Farben der Magie)*
3 Acht ist die Zahl des Blut-und-Schleim-Gottes Bel-Shamharoth. Bei Zauberern heißt es, man solle diese Zahl nicht laut aussprechen, um zu vermeiden, bei lebendigem Leib verschlungen zu werden. *(Die Farben der Magie)*
4 Die Hierarchie der Unsichtbaren Universität besteht aus acht Stufen der Zauberei.[1] *(Das Licht der Phantasie)*
5 Acht Zauberer sind für den Ritus von AskhEnte erforderlich.
6 Es heißt natürlich »hab acht«.
7 Das Achtgefaltete Siegel der Stasis.
8 Acht Schildkröten schlüpfen, als sich Groß-A'Tuin dem roten Stern nähert. *(Das Licht der Phantasie)*
9 Das Spektrum der Scheibenwelt besteht aus acht Farben: die üblichen sieben plus Oktarin, die Farbe der Magie.
10 Acht plus ein wenig Ironie ergibt ... das Metall Oktiron. Eine daraus bestehende Nadel zeigt immer in Richtung der Scheibenweltmitte und kann gleichzeitig auf magische Weise Socken stopfen.

1 Dazu gehören auch die »Erleuchteten Magier des Ungebrochenen Kreises«, was uns daran erinnert, daß der Ungebrochene Kreis einer von vielen seltsamen Kulturen in der Illuminatus-Trilogie (1975) von Robert Shea und Robert Anton Wilson ist.

Fakultät für PHILOSOPHIE

Welche kühnen Philosophen und großen Denker der Scheibenwelt sind für folgende Taten verantwortlich:

1 Wurde aus einer Taverne geworfen, als er versuchte, das Paradoxon des Kreters Epimenides neu zu formulieren.
2 Entwickelte die Mathematik des achtdimensionalen Raums, als er sich während eines heftigen Sandsturms mit geschlossener Nase auf den Boden duckte.
3 Postulierte ein berühmtes Teilbarkeitsparadoxon, das nach ihm benannt wurde.
4 Bewiesen eindeutig, daß alle Orte ein Ort sind und die Entfernung zwischen ihnen Illusion ist.
5 Brachte den zuvor erwähnten Beweis mit den in diesem Zusammenhang unerklärlichen Aspekten unserer Existenz – zum Beispiel Wegweiser – in Einklang.
6 Benutzte einen Stechzirkel, um eine Pastete zu messen.
7 Entwickelte etwas, das Heron aus Alexandria erfand.
8 Erzählte ein Märchen von einem Fuchs, einem Truthahn, einer Gans und einem Wolf, die darum gewettet hatten, wer am längsten unter Wasser bleiben konnte – mit schweren Gewichten an den Beinen.
9 Wird mit zwei Fingern in Verbindung gebracht.
10 Dachte über Lachs in Büchsen nach, über das Paradoxon, daß alle Büchsen die gleiche Größe haben, obwohl Lachs an beiden Enden schmaler wird.

Fakultät für Philosophie

ANTWORTEN

1 Ibid. Epidemes von Kreta sagte angeblich: »Alle Kreter sind Lügner.« Der Wahrheitsgehalt dieser Behauptung läßt sich nur schwer feststellen. Ibid versuchte, seinen Standpunkt zu erläutern, indem er in einer Taverne auf den hypothetischen Ausspruch Xenos von Ephebe hinwies: »Alle Ephebianer sind Lügner.« Das gefiel Xeno ganz und gar nicht. *(Einfach göttlich)*

2 Stinker der Faulenzer, angeblich der größte Kamel-Mathematiker aller Zeiten.[1] *(Pyramiden)*

3 Schlimmerwahn. Sein Teilbarkeitsparadoxon bewies die Unmöglichkeit, von einem Baumstamm herunterzufallen. *(Rollende Steine)*

4 Die Astrophilosophen von Krull. *(Das Licht der Phantasie)*

5 Ly Schwatzmaul bot einen Kompromiß an, indem er meinte: Es stimmt zwar, daß alle Orte ein Ort sind, aber dieser eine Ort ist ziemlich groß. *(Das Licht der Phantasie)*

6 Pthagonal. Er fand das Verhältnis von Umfang zu Durchmesser unästhetisch. »Drei Komma eins vier eins Periode. Das ist doch keine anständige Zahl! Ich meine, drei Komma fünf wäre doch in Ordnung.« *(Pyramiden)*

7 Urn, Didaktylos' Neffe und Assistent. Er konstruierte eine Dampfmaschine, die Herons Mustern ähnelte, allerdings ein ganzes Stück größer war. *(Einfach göttlich)*

8 Iesope. Klingt verdächtig nach Äsop … *(Pyramiden)*

9 Didaktylos. Sein Name bedeutet eigentlich »zwei Finger«, oder »zweifingrig«. *(Einfach göttlich)*

10 Korporal Nobbs von der Stadtwache (Nachtschicht). Nicht alle großen Denker haben in Ephebe die verdiente Anerkennung gefunden. *(Rollende Steine)*

1 Und vermutlich tot, denn der *derzeitige* größte Mathematiker auf der Scheibenwelt ist das Kamel Du Mistvieh.

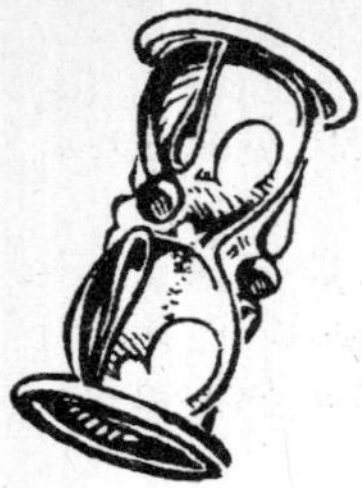

Fakultät für

HELLHÖREN IV

Und zum letzten Mal: Welche Stimme hören wir?

1 MÖCHTEST DU, DASS ES DABEI BLEIBT?
2 »?«
3 *Wir entdecken einen Trick. Wir hören nicht zu.*
4 Der Stern bedeutet Leben, nicht Tod.
5 Muß mich jetzt um einen kranken Drachen kümmern. Der arme kleine Kerl hat sein Teeröl schon seit Tagen nicht mehr angerührt.
6 Fliegelieh-gah!
7 Däääääääääääähhhs… Zauuuuberers Staaab haaat eineeen Knaaauuuf am Eeendeee…
8 Ssso wollte ich immer mal aussehen.
9 *Ab*hauen ’ollst ’u!
10 … wenn euch das llieber ist.

Fakultät für Hellhören IV

ANTWORTEN

1 Der Drache in *Wachen! Wachen!* schüchtert Lupin Wonse ein.
2 Ginger in *Voll im Bilde,* als Holy Wood außer Kontrolle gerät und die Welt zu einem Stummfilm wird. (Sie bekommen

keinen Punkt, wenn Sie Victor genannt haben, dessen Antwort erstaunlicherweise lautete: »?«)

3 Der Neue Tod bringt dem alten wenig Anteilnahme entgegen. *(Alles Sense)*

4 Für »Rincewind« bekommen Sie einen Punkt. Und gleich zwei Punkte erhalten Sie für: »Der Zauberspruch aus dem Oktav, als er mit Rincewinds Mund spricht.« *(Das Licht der Phantasie)*

5 Mustrum Ridcully in *Voll im Bilde.*

6 Der legasthenische Hahn Cyril. Sein Krähen unterscheidet sich immer mehr vom üblichen »Kikeriki«. *(Alles Sense)*

7 Auf diese schreckliche Weise singt Nanny Ogg in der Badewanne. Anschließend dauert es manchmal Wochen, bis die Ziegen wieder Milch anstatt Joghurt geben. *(Lords und Ladies)*

8 Der Kater Greebo, als er vorübergehend menschliche Gestalt angenommen hat und – Achtung, jetzt wird's kompliziert – die Maske einer rötlichgelben Katze anlegt, um einen Ball zu besuchen. *(Total verhext)*

9 Der große Gott Om in Gestalt einer Schildkröte. Fordert eine an seinem Fuß pickende Skalbi auf, endlich zu verschwinden. *(Einfach göttlich)*

10 Imp y Celyn führt hier seinen musikalischen Llamedos-Akzent vor. *(Rollende Steine)*

Fakultät für Silikologie

Die Liga gegen die Diffamierung von Siliziumleben hat durchgesetzt, daß an der Unsichtbaren Universität auch Troll-Kurse abgehalten werden, die nun regelmäßig in Raum 3B stattfinden. Deshalb diese politisch korrekte Prüfung.

1 Wer griff bei der Schlacht vom Koomtal wen aus dem Hinterhalt an?
2 Wer sah mit Flügeln und grüner Schminke auf unheimliche Weise wie ein Balgrog aus?
3 Wer erfuhr in seiner Heimat – der Kupferkopfberg in Lancre – von *Aaoograha hoa* (»Man-geht-ihr-besser-aus-dem-Weg«) und trat ihr in Ankh-Morpork gegenüber?
4 Was genau bedeutet der musikalische Ausdruck *Ggroohauga?*
5 Wer ist Inhaber des Nachtklubs *Kaverne* und angeblich ein hohes Tier im Troll-Syndikat »Brekzie«?
6 Wer blieb übrig, um die Decke zu stützen?
7 Wo befindet sich der Troll-Himmel?
8 Wer war noch kleiner als ein Zwerg, weil sich immer wieder Elefanten auf ihn setzten?
9 Wer ist der einzige bekannte Troll, der von einem Menschen niedergeschlagen wurde, dem er später mit großem Respekt begegnete?
10 Wer warb auf T-Shirts?
11 Welche Band der Musik mit Steinen drin wird in *Die Scheibenwelt von A–Z* erstaunlicherweise nicht erwähnt?
12 Wer entzündete ein Feuer an wessen was?

ANTWORTEN

1 Die heimtückischen Zwerge griffen die ehrenwerten Trolle aus dem Hinterhalt an, ist doch ganz klar.[1] *(Helle Barden)*

2 Mory in *Voll im Bilde.* Es kam seinem natürlichen thespischen Talent sehr gelegen, daß niemand genau wußte, wie ein Balgrog aussah. Vermutlich *nicht* wie Tolkiens Balgrog in *Der Herr der Ringe…*

3 Karborundum. Der Verleger Herr Ziegenberger stellte ihn als Hexenrausschmeißer ein. Er konnte jedoch nicht verhindern, daß Man-geht-ihr-besser-aus-dem-Weg alias Oma Wetterwachs hereinkam. *(Mummenschanz)*

4 »Musik aus Steinen«. Sie bekommen nur einen halben Punkt, wenn Ihre Antwort »Musik mit Steinen drin« lautete, denn das ist etwas anderes. *(Rollende Steine)*

5 Chrysopras – obgleich die Schreibweise seines Namens gewissen Schwankungen unterliegt. Er trägt einen Anzug, was für einen Troll sehr ungewöhnlich ist, und er mag es nicht besonders gern, von T.M.S.I.D.R. Schnapper »Chrys« genannt zu werden. *(Rollende Steine)*

6 Detritus wurde beauftragt, die einstürzende Decke des Tunnels in Holy Wood abzustützen. Das war seine Belohnung dafür, daß er der stärkste und dümmste Troll weit und breit war. *(Voll im Bilde)*

7 Irgendwo unten. Von Trollen im Himmel heißt es, daß sie wohlwollend zu denen emporblicken, die noch auf der Scheibenwelt wandeln. *(Helle Barden)*

8 Asphalt, wurde später zum Roadie der Band Mit Steinen Drin (was durchaus angemessen war). Andere hätten sicher sofort aufgegeben, wenn sich auch nur ein Elefant auf sie gesetzt hätte, aber Asphalt liebte das Showgeschäft über alles

9 Noch einmal Detritus, während er in der *Geflickten Trommel*

1 Manchmal muß man die Art der Antwort dem Kontext der Prüfung entnehmen. Siehe auch Fakultät für Parvorektologie (die nächste Prüfung).

als Zerreißer arbeitete (wie ein Rausschmeißer, aber mit mehr Kraft). Wahrscheinlich kommt nur Obergefreiter Karotte in Frage. *(Wachen! Wachen!)*

10 Kreidig, Troll und phantasievoller Geschäftsmann. »KreiDich, Rennerei 12, Dinnge nach Auftrak«. *(Rollende Steine)*

11 Trollz *(Rollende Steine)*

12 Herrena die hennahaarige Vettel und ihre Söldner entzündeten ein Lagerfeuer auf der Zunge des großen Trolls Alter Großvater. Was sich als unklug erwies. *(Das Licht der Phantasie)*

Fakultät für Parvorektologie

Die Troll-Kurse an der Unsichtbaren Universität führten natürlich sofort zur Ankunft von kleinen, bärtigen und zornigen Mitgliedern des Komitees für Gleiche Höhe. Sie hießen zum Beispiel Thog Lendenschneider, und zu ihren Argumenten gehörten recht eindrucksvoll aussehende Streitäxte. Haihi, haiho…

1 Wer griff bei der Schlacht von Koomtal wen aus dem Hinterhalt an?
2 Was lieben Zwerge noch mehr als Gold?
3 Wem schuldet jemand aus der grauen Horde 50 Dollar für ein Schwert?
4 Wer wurde von einem sehr kalten Ort durch eine kleine, verglaste Öffnung geworfen?
5 Welcher Zwerg war Kapitän der Basketballmannschaft des Internats?
6 Es gibt viele Rezepte für Zwergenbrot aus Lancre, und die meisten von ihnen sind ein streng gehütetes Geheimnis, abgesehen von einer Ingredienz. Welche?
7 Wie hieß die erste allein aus Zwergen bestehende Rockband?
8 Wessen letzte Tätigkeit als Lebender bestand darin, eine rostige Feder auszutauschen?
9 Wer ist der Inhaber von »Saal des Elfenparfüms und Rouge Co« in der Hüpfschnell-Straße?
10 Wie lautet eine weniger wörtliche Übersetzung des Zwergen-Ausdrucks »alles richtig blankgeputzt und abgestützt«?

11 Wie lautet die übliche Entschuldigung dafür, ganz plötzlich in der Küche einer Hexe zu erscheinen?
12 Wo befindet sich das Museum mit vielen interessanten Beispielen für Zwergenbrot?

Fakultät für Parvorektologie

ANTWORTEN

1 Die heimtückischen Trolle griffen die ehrenwerten Zwerge aus dem Hinterhalt an, ist doch ganz klar.[1] *(Helle Barden)*
2 Eisen. Das klingt absurd, aber es ist tatsächlich so. Offiziell heißt es, Lieder über »Gold, Gold, Gold, Gold, Gold, Gold« sind leichter zu singen als solche mit den metrischen Problemen von »Eisen, Eisen, Eisen, Eisen, Eisen«. Auf diese Weise wurden irreführende Signale übermittelt. *(Lords und Ladies)*
3 Dem Zwerg Fafa. Der Junge Willie vertrat den Standpunkt: Wenn er im Kampf stirbt – die Chancen dafür stehen eins zu hunderttausend –, so kann er sich wenigstens darüber freuen, daß er seine Schulden nicht bezahlen muß. *(Echt zauberhaft)*
4 Obergefreiter Knuddel von der Wache. Er wurde durch ein Fenster des Zukunftsschweinlagers geworfen, bevor er erfror. *(Helle Barden)*
5 Gloria Felshauertochter – bis zu einem unerfreulichen Zwischenfall, der eine Axt betraf. *(Rollende Steine)*
6 Kies. Zwergenbrot ist bestens für Feldrationen geeignet, weil es sich gut hält, leicht verpackt und außerdem als Waffe

1 Manchmal muß man die Art der Antwort dem Kontext der Prüfung entnehmen. Siehe auch die Fakultät für Silikologie (die vorherige Prüfung). Aber wenn Sie ein unverbesserlicher Pedant sind, so erhalten Sie bei jeder Prüfung einen Bonuspunkt, sofern Sie folgende, politisch völlig falsche Antworten gegeben haben: Die Schlacht vom Koomtal ist die einzige militärische Konfrontation in der Geschichte der Scheibenwelt, bei der beide Seiten heimtückisch aus dem Hinterhalt angriffen.

verwendet werden kann, wenn man es mit ausreichender Wucht nach einem Gegner wirft. *(Lords und Ladies)*

7 Wir sind Ganz Klar Zwerge. Später kam eine rivalisierende Gruppe hinzu – oder es war die gleiche Band mit einem anderen Namen –, die sich Hohe Zwerge nannte. *(Rollende Steine)*

8 Bjorn Hammerhock, Fachmann für Mechanismen. Er reparierte das Gfähr, das daraufhin losging. Die Kugel prallte von Bjorns Amboß ab und tötete ihn. *(Helle Barden)*

9 Schnapptopf Donnerstoß. In Zwergenkneipen spielte er den Macho, doch bei seinen erfolgreichen Geschäften erwies er sich als recht zurückhaltend. *(MacBest)*

10 »Okay?« *(Wachen! Wachen!)*

11 »Bin einem Flöz gefolgt.« Der Zwerg kam durch den Boden von Oma Wetterwachs' Küche. *(Total verhext)*

12 Kreiselgasse, Ecke Rauhreifstraße in Ankh-Morpork. *(Helle Barden)*

Fakultät für Unsichtbare Schriften II

Hier sind noch einige Auszüge aus verschiedenen Schriften, Gravierungen, Inschriften und so weiter, die in den Scheibenwelt-Romanen vorkommen. Finden Sie den Zusammenhang.

1 Man braucht nicht unbedingt verdammt zu sein, um hier zu arbeiten, aber es hilft!!!
2 Deshalb.
3 Aufsicht
4 Schnitzel, Gulasch, Kotelett, Eintopf, Ragout, Frikassee, Hackfleisch, Soufflé, Knödel, Pudding, Fruchteis, Haferschleim, Würstchen, ich möchte kein Würstchen, Bohnen, ohne Bohnen, Beigericht, Grütze, Marmelade, Geflügelinnereien.
5 Erstaunlicher Curry-Regen in Klatsch, plötzlicher Tod des Serifen von Iieeh, Wespenplage im Wiewunderland.
6 ....
....
....
....
7 *Übrigens, erwähnet mir gegenüber blos keine Bauernhäuser…*
8 Die Dinga haben Sohlen. Fühl nur die Nähgel!
9 …der berühmteste und mächtigste Zauberer im ganzen Land…
10 Ein Souvenir aus der Heiligen Grotte von Ossory.

ANTWORTEN

1 Das neue, dynamische Plakat über dem Tor zur Hölle. Es ersetzt den altmodischen Kram in der Art von *Lasciate ogni speranza…* (*Eric*)

2 Hex, Computer der Unsichtbaren Universität, auf die von Adrian Rübensaat gestellte Frage: »Warum alles?« (*Echt zauberhaft*)

3 Dieser Hinweis zierte die rechteckigen Abzeichen der Zauberer, die das Lebende Einkaufszentrum angriffen und, wie es häufig geschieht, in das System integriert wurden. (*Alles Sense*)

4 Zweiblums unkritisch benutztes Wörterbuch, Abschnitt »Nahrungsmittel«. (*Die Farben der Magie*)

5 Standardprophezeiungen, die in jedem Jahr angebracht werden können. Aus dem *Alamanach,* publiziert von Herrn Ziegenberger. (*Mummenschanz*)

6 Auszug aus der halben Seite mit Punkten in Tods Biographie von Albert: Selbst dieses Buch wagt es nicht zu erwähnen, was die Geschöpfe der Kerkerdimensionen mit ihm anstellen könnten, wenn er… (*Gevatter Tod*)

7 Nanny Oggs für Jason (»Und alle«) bestimmte Postkarte, nachdem ein Bauernhaus auf ihrem Kopf gelandet ist. (*Total verhext*)

8 Die Aufschrift eines T-Shirts, das für den Schuhmacher Stöpsel warb. Es verblüffte T.M.S.I.D.R. Schnapper, daß die Leute Geld für Kleidung mit Werbeschriften bezahlen. (*Rollende Steine*)

9 Diesen Eindruck von Rincewind hielt Zweiblum in *WIE ICH MEINE FERIEN VERBRACHTE* fest, wobei gewisse Prahlereien Rincewinds nachhalfen. Urinierender Hund, urinierender Hund.[1] (*Echt zauberhaft*)

[1] Wie es im Achatenen Reich heißt. Wenn Sie dieser Hinweis verwirrt: siehe »Fakultät für Linguistik« (Seite 59).

10 Hinweis auf dem Kaffeebecher eines Folterers, der im Quisitionskeller der Kirche des Großen Gottes Om arbeitet. (*Einfach göttlich*)

Fakultät für STILISTIK

Hier geht es um Kleidung und andere Modeartikel…

1 Das teuerste Parfüm in Ankh-Morpork.
2 Bestand aus Seide und Spitzen, bewies ebenso teure wie unübertreffliche Geschmacklosigkeit und verlieh dem Träger das Erscheinungsbild von einem Haufen Wackelpeter mit Sofaschonern.
3 Ein nützliches Kleidungsstück, nach seinem Erfinder benannt.
4 Der geeignete Ort, um eine Schwertkämpferin auszustatten, damit sie… aufregend aussieht (Leder, hohe Stiefel) und nicht unbedingt zweckdienlich gekleidet ist.
5 Der Nutzen eines Stücks Pappe unter dem Bett.
6 Was er mit seinem Mantel anstellte, wies deutlich darauf hin, daß er *wirklich* alt war.
7 Manne ziehe Schleife A durch Öffenung B.
8 Die einzigartige Bedeutung einer ausgebeulten Hose und eines grauen Umhangs.
9 Bei den Mönchen von Kühl ist eine besondere Prüfung für Novizen üblich: Man bietet dem Betreffenden verschiedene Kleidungsstücke an und fordert ihn auf, das modischste zu wählen.
10 Sind dafür berühmt, daß sie ultraelegante Kleidung in Mischfarben tragen – gemeint sind Farben, die man bekommt, wenn man Schwärze mit einem achtseitigen Prisma zerlegt.
11 Trugen die dynamische Botschaft: GEBOREN UM SCHNELL UZ LEBEN UND JUGN ZU STER BNE.

12 Ein weites braunes Kleidungsstück ohne erkennbare Funktion. Bietet genug Platz, um hineinzuwachsen – vorausgesetzt, man möchte zu einem Elefanten mit 19 Beinen werden.

Fakultät für Stilistik

ANTWORTEN

1 Bezaubern. Von Lady Sybil Käsedick bei ihrem – erfolgreichen – Versuch angewendet, Hauptmann Mumm für sich zu gewinnen. (*Wachen! Wachen!*)

2 Der neue Umhang von Zauberer Krempel, geschaffen während des stolzen Anschwellens von Magie, das mit dem Erscheinen des Kreativen Magus einherging. (*Der Zauberhut*)

3 Nanny Ogg nannte Magrats Hose »Magrats«. Interessanterweise trat im 19. Jahrhundert in unserer Welt eine gewisse Mrs. Amelia Bloomer für Frauenhosen ein (dünn und eng an den Fußknöcheln), die unter der Bezeichnung »Bloomers« bekannt wurden. (*Total verhext*)

4 Woo Hun Lings »exotische Artikel und Hilfsmittel für den Helden« in der Heldenstraße von Ankh-Morpork. (*Das Licht der Phantasie*)

5 »Daraus lassen sich Sohlen anfertigen, die mindestens einen Monat halten«, sagte Hauptmann Mumm, als er in der Filigranstraße ein Stück Pappe fand. Ihm lag viel daran, daß Stiefel möglichst lange hielten. (*Helle Barden*)

6 Der Quästor der Unsichtbaren Universität. Unter dem Einfluß der Musik mit Steinen drin trug er einen ausgestellten Mantel.

7 Magrats Ausstattung als Königin von Lancre: Pantoffel, Reifrock, Halskrause und Dinge, die wie Satteltaschen aussehen.[1] (*Lords und Ladies*)

8 Das übliche Kostüm von Eunuchen in der Verbotenen Stadt von Hunghung. Cohen und seine Ko-Invasoren von der

[1] Von dem für Eleganz bekannten Schneider Boggis in Ankh-Morpork.

Grauen Horde waren nicht begeistert, als sie die Hintergründe ihrer Verkleidung erfuhren. (*Echt zauberhaft*)

9 »Jenes Teil, das ich wähle.« (*Lords und Ladies*)

10 Assassinen tragen immer Kleidung mit schwarzen Schattierungen, wie man sie sich in einer nichtmagischen Umgebung nur dann vorstellen kann, wenn man etwas Verbotenes raucht und den Flügel eines Stars betrachtet. (*Pyramiden*)

11 Die Nieten auf dem von Musik inspirierten Ledermantel, den sich der Dekan der Unsichtbaren Universität zulegte. (*Rollende Steine*)

12 Spezielle Kleidung, die Mort beim Gewerbemarkt in Schafrücken trägt, damit er gut zur Geltung kommt. Tod meint dazu: NUN, DADURCH BEKOMMT DIE ARMUT EINEN VÖLLIG NEUEN ASPEKT. (*Gevatter Tod*)

Fakultät für WAHRE NAMEN II

Nennen Sie noch einmal plausible Erklärungen für die folgenden Scheibenwelt-Namen:

1 Der Gott Schrubb
2 Die Geflickte Trommel
3 Filmmagnat Silberfisch
4 Hoot Khomi, Hohepriester von Khefin
5 Sir Charles Wasserklosett
6 Die Rote Scharron
7 Ponce da Quirm
8 Dunkler Zauber
9 Tastgasse, Ankh-Morpork
10 Theater »Die Scheibe«
11 Korporal Baumwolle
12 Frau Scorbic

Fakultät für Wahre Namen II

ANTWORTEN

1 Der Schieber des Sonnenballs (engl.: Scrab) ist ein Skarabäus, der kleine Dungbälle hin und her schiebt. Deshalb hielten ihn die alten Ägypter für die ideale Wahl, um die Sonne zu bewegen. (*Pyramiden*)

2 Sie heißt so, »weil man nicht auf sie einschlagen kann«, wie ein Alien in einem SF-Roman erklärt, der überhaupt nichts mit der Scheibenwelt zu tun hat.

3 Sam Goldwyn von Metro-Goldwyn-Mayer wurde als Samuel Gelbfisch geboren und nannte sich eine Zeitlang Goldfisch, bis er schließlich den Nachnamen wählte, der später berühmt werden sollte. Viele der bekannten Aussprüche Goldwyns hören wir von Silberfisch und Leuten in seiner Nähe. Gaspode erwähnt zum Beispiel einen verbalen Vertrag, der nicht das Papier wert ist, auf dem er geschrieben steht. (*Voll im Bilde*)

4 Koot Hoomi (Sanskrit *kuthumi,* »Lehrer«) gehörte angeblich zu den Verborgenen Lehrern der Theosophie, die ihr astrales Wissen mit Madame Helena Blavatsky, Mitgründerin der Theosophischen Gesellschaft, teilten. Aber vermutlich hat sie ihn nur erfunden. (*Pyramiden*)

5 Von Sir Charles Wasserklosett ausgestattete Badezimmer erinnern uns an Thomas Crapper, der in viktorianischer Zeit Toiletten mit Wasserspülung verbesserte und sich in dieser Branche einen guten Ruf erwarb – womit er seinem Namen gerecht wurde. (Crap: Scheiße) (*Rollende Steine*)

6 Vermutlich mit einer anderen Schwert-und-Zauberei-Heldin verwandt, einer gewissen Roten Sonja, die Robert E. Howard erschuf und die zum Conan-Universum gehört. (*Eric*)

7 Ponce de Leon, ein spanischer Grande aus dem 15. Jahrhundert unserer Welt, suchte ebenfalls nach dem Jungbrunnen… (*Eric*)

8 Pralinen mit Schwarzer Magie. In diesem Zusammenhang gibt es eine Anspielung auf britische Pralinen in dem Hinweis: »Um eine derartige Pralinenschachtel zu überbringen, sprangen geheimnisvolle Fremde aus einem Sessellift und seilten sich an hohen Gebäuden ab.« (*Alles Sense*)

9 »Der Ursprung des Namens Tastgasse (Grope Alley) verliert sich zum Glück im oft zitierten Dunkel der Vergangenheit…« Das gilt auch für die finsteren, verrufenen Straßen und Gassen im mittelalterlichen England, die geradewegs Gropecuntelane oder so ähnlich hießen. Später bekamen sie taktvollere neue Namen, zum Beispiel »Grape Lane« in York, »Grove Street« in

Oxford, »Gropelane« in Peterborough und die »Grope Lanes« in Bristol, Chipping Barnet und Worcester. Falsche urbane Legenden berichten davon, daß die aus London verschwundene Gropecuntelane ein Treffpunkt von Prostituierten war und zur Threadneedle Street (»Fadenscheinigstraße« in Ankh-Morpork) wurde, dem Sitz der Bank von England. Hier fällt uns natürlich ein, daß die Damen käuflicher Zuneigung auf der Scheibenwelt oft »Näherinnen« genannt werden… (*Helle Barden*)

10 Ganz offensichtlich eine Anspielung auf das alte »Globe« in London, wo Stücke von einem gewissen Shakespeare aufgeführt wurden. »Die ganze Scheibenwelt ist ein Theater«, schrieb Hwel. »Und alle Männer und Frauen sind Schauspieler. Abgesehen von denen, die Knallkörner verkaufen.« (*MacBest*)

11 Korporal Baumwolle? Korporal Medium? Korporal Nur Handwäsche? Nebelschwaden der Ungewißheit verbergen die wahren Namen jener, die sich der klatschianischen Fremdenlegion angeschlossen haben, um zu vergessen. Die Armen sind auf kleine Namensschilder in ihren Hemden angewiesen. Weitermachen, Legionär Größe 15… (*Rollende Steine*)

12 Die Köchin im Schloß Lancre hält nichts von Salat und ähnlichem ausländischen Unsinn: »Jeder weiß, daß rohes Gemüse schlecht für die Gesundheit ist.« Ihr Name geht auf eine Substanz in Obst und Gemüse zurück: Ascorbinsäure (ascorbic acid) beziehungsweise Vitamin C. (*Lords und Ladies*)

Fakultät für THANATOLOGIE

Wenn Ihr Gehirn nicht bereits abgestorben ist, sollten diese tödlichen Fragen nicht allzu schwer für Sie sein…

1 Was war das Problem mit dem traditionellen Knochenpferd?
2 Was hatte Herr Pfundler mit Herrn Clete gemeinsam?
3 Warum rechnete man damit, daß es mit der Party kurz nach Mitternacht bergab gehen würde?
4 Was würden unsere Vorfahren denken, wenn sie heute am Leben wären?
5 Wie lautete der Einwand gegen die traditionelle symbolische Partie Schach?
6 Womit wurde die Sense zuletzt geschärft?
7 Was ist angeblich die Farbe der Unendlichkeit?
8 Das Leben *welchen* Sängers endete unmittelbar nach einer letzten hervorragend gesungenen Zeile, in der es um einen durchgeschnittenen Hals ging?
9 Welche Worte bewirkten auf der Bühne zum ersten Mal Unsicherheit und Lampenfieber?
10 Wer kam überein, *ihn* Herrn Eintönig zu nennen?
11 Was war seine Spielfigur in dem symbolischen Spiel »Exklusiver Besitz«?
12 Welche Last lehnte die Letzte Realität ab, obwohl ihr Roß viel getragen hat – SELBST GROSSE STÄDTE WÄREN IHM NICHT ZU SCHWER. JA, ES IST EIN SEHR TÜCHTIGER HENGST, ABER ER HAT AUCH SEINEN STOLZ.

Fakultät für Thanatologie

ANTWORTEN

1 Tod wollte nicht immer wieder anhalten müssen, um abgefallene Teile mit Draht zu befestigen. (*Gevatter Tod*)

2 Beide Seelen wurden vom Rattentod in Empfang genommen und nicht vom Tod höchstpersönlich. (*Mummenschanz, Rollende Steine*)

3 Weil man glaubte, daß Tod dann seine Maske abnehmen würde – die er überhaupt nicht trug. (*Das Licht der Phantasie*)

4 »Warum ist es so dunkel hier drin?« (*Pyramiden*)

5 Tod vergaß immer wieder, wie er den Springer ziehen muß. (*Der Zauberhut*). In *Einfach göttlich* weiß er es noch immer nicht genau.

6 Tod begann mit einem normalen Schleifstein, einem geölten Wetzstein und Wetzstahl, gefolgt von Sackzeug, Kattun, Leinen, Samt, Seide und Spinnweben. Den letzten Schliff erhielt die Sense in der Morgenbrise und schließlich mit Sonnenschein. (*Alles Sense*)

7 Blau. Das teilt Tod dem heiligen Mann mit, der sich auf das Unendliche konzentrierte, indem er die Augen schloß. (*Rollende Steine*)

8 Der Schwan, den Tod in *Mummenschanz* aufforderte, »*Schneide meinen eigenen Hals…*« zu singen. So lautete sein Schwanengesang.

9 Tods erste Rede in Hwels Bühnenstück *Nacht der Könige.* Sie bekommen Ihren Punkt auch dann, wenn Sie sich nicht an den Text erinnern, der da lautete: »Duckt euch, kurzlebige Sterbliche, denn ich bin der Tod. / Weder Schlösser noch vorgeschobene Riegel halten mich zurück. / In dieser Nacht der Könige bin ich gekommen.« Aufgrund seiner schauspielerischen Unerfahrenheit kommt Tod nicht über »Riegel« hinaus. (*MacBest*)

10 Das Straßenvolk von Ankh-Morpork: der Stinkende Alte Ron, Henry Husten, Arnold Seitwärts, der Entenmann und so weiter. (*Rollende Steine*)

11 Der Stiefel. Es wäre durchaus möglich, daß »Exklusiver Besitz« gewisse Ähnlichkeit mit Monopoly hat. (*Alles Sense*)

12 IHR DREI … Gemeint sind Krieg, Pestilenz und Hunger, nachdem ihre Pferde auf dem Weg zur Apokalypse gestohlen wurden. (*Der Zauberhut*)

Fakultät für Frisöriges

Hier ist er nun, der Abschnitt für Tips und Spickzettel. Für den Unterricht in der Fakultät für Frisöriges ist ein externer Dozent verantwortlich, ein gewisser T.M.S.I.D.R. Schnapper, bekannter Unternehmer aus Ankh-Morpork. Eine Dauerwelle kann man von ihm nicht erwarten, aber er weiß, wie man Dinge frisiert.

HINWEIS: Viele Tips für einzelne Fragen nehmen Bezug auf die betreffenden Scheibenwelt-Romane, deren Titel wie folgt abgekürzt werden:

Die Farben der Magie FM,
Das Licht der Phantasie LP,
Das Erbe des Zauberers EDZ,
Gevatter Tod GT,
Der Zauberhut Z,
MacBest M,
Pyramiden P,
Wachen! Wachen! WW,
Eric E,
Voll im Bilde VIB,
Alles Sense AS,
Total verhext TV,
Einfach göttlich EG,
Lords und Ladies LL,
Helle Barden HB,
Rollende Steine RS,
Einfach zauberhaft EZ,
Mummenschanz MS,
Die Scheibenwelt von A – Z DSAZ.

Andere Dinge wie Kurzgeschichten, Karten und Terry Pratchetts Romane, in denen es nicht um die Scheibenwelt geht, werden nur selten erwähnt. Glücklicherweise gibt es keine Fragen, die sich auf irgendwelche Scheibenwelt-Computerspiele beziehen.

Akronymik (Seite 61) 1 Handtuch; 2 Dämonologie; 3 Agnes; 4 Poe; 5 Usenet; 6 morphischer Zwilling; 7 LP; 8 TV; 9 Kreuze; 10 Karte; 11 Rockband; 12 siehe 6.

Colophonik (Seite 132) 1 VIB; 2 HB; 3 EDZ; 4 EG; 5 MS; 6 EZ; 7 WW; 8 EZ; 9 P; 10 MS; 11 EG; 12 HB. Sprecher: Beano, Billet, Fri'it, Hammerhock, Hong, Klaufix, Pfundler, Ribobe, Unterschaft, Vorbis, Vorfahren, Zervelatwurst.

Diskographie (Seite 84) Geographische Äquivalente der Scheibenwelt, auf die Bezug genommen wird: Achatenes Reich, Ephebe, Gennua, Heliodeliphilodelphiboschromenos, Klatsch, Llamedos, Tezumanisches Reich, Tsort, Wiewunderland.

Diskographie II (Seite 105) Die Orte: Al-Ybi, Braune Inseln, Brindisi, Gennua, Herscheba, Iieeh, Ku, Quirm, Schnitte, Sum Dim, Wyrmberg.

Einleitende Bemerkungen (Seite 117) Gemeinsames Thema: die Widmungen der Scheibenwelt-Bücher, darunter eine nicht besonders elegante in *Mort, der Scheibenwelt-Comic.*

Erste Ursachen (Seite 17) Zwei stammen von Comic-Versionen der Romane, und in einem Fall stehen die gleichen Worte am Anfang von zwei Romanen.

Eschatologie (Seite 34) Zu den Texten gehören zwei Kurzgeschichten, zwei Karten (mit beigefügten Heften) und *Strata.*

Existentielle Anomalien (Seite 78) 1 FM; 2 LL; 3 AS; 4 FM (Comic); 5 Z; 6 Schinken; 7 LL; 8 Vergleichen Sie FM mit EZ; 9 Verhalten; 10 Vergleichen Sie P mit HB.

Externe Studien (Seite 118) 1 JRRT; 2 gelbe Seiten; 3 McGirt; 4 ein Grimmiger; 5 außerhalb der Scheibenwelt; 6 Cohen; 7 Opernnamen; 8 Künstler; 9 Erinnerung/neue Sonne; 10 aha.

Fregologie (Seite 184) Denken Sie an eine bekannte Scheibenwelt-Zahl und wenden Sie sie gnadenlos an.

Frisöriges (Seite 208) siehe Raum 3B.

Gastrologie (Seite 54) Gemeinsames Thema: Essen. 1 VIB; 2 TV; 3 Z; 4 MS; 5 gelb; 6 FM; 7 RS; 8 LP; 9 EZ; 10 LL.

Gastrologie II (Seite 97) 1 WW; 2 P; 3 WW; 4 EG; 5 HB; 6 Z; 7 HB; 8 M; 9 EZ; 10 VIB.

Gastrologie III (Seite 153) 1 MS; 2 Man denke in diesem Zusammenhang an »Blähungen«; 3 kein Zwergen*brot;* 4 Die lebendige Sorte gilt als gesünder, aber…; 5 Adern oder Löcher?; 6 Bibliothekar; 7 unerwünschte Grill-Spezialitäten; 8 *Squishi;* 9 TV; 10 E.

Gemüsologie (Seite 177) 1 M; 2 VIB; 3 RS; 4 VIB; 5 EG; 6 TV; 7 AS; 8 WW; 9 RS; 10 AS. Erwähnte Pflanzen: Alraune (fünfblättrige), Kiefern, Kohl, Kürbisse, Meerrettich, Pilze, Sellerie, Wahnsinnswurzel, Wahooni, Zupfel.

Hellhören (Seite 36) In den meisten Fällen gibt es einen Zusammenhang mit dem Tod, obwohl die WORTE IN KAPITÄLCHEN nicht von Tod selbst gesprochen werden. 1 AS etc.; 2 GT; 3 FM; 4 GT; 5 M; 6 GT; 7 RS; 9 RS; 10 GT. Andere Sprecher als Tod: Albert, Alter Tom, Clete, ein Türklopfer, Mort, Rattentod, Skrofulose, Susanne, Tomjon.

Hellhören II (Seite 67) 1 AS; 2 Z; 3 Kurzgeschichte; 4 Z; 5 scheibenweltfremder Roman; 6 FM, 7 Comic; 8 EG; 9 EDZ; 10 HB. Sprecher: Allesweiß, Azrael, das Gfähr, die Lady, Dinge, Om, Pestilenz, Tod x 3.

Hellhören III (Seite 91) 1 MS; 2 LL; 3 HB; 4 LP; 5 GT; 6 EDZ; 7 Z; 8 LL; 9 VIB; 10 GT. Sprecher: Agnes, Cohen, ein Dieb, ein Hut, Karnies-über-dem-Breiten-Weg, Oma Wetterwachs, Osric (?), Ridcully, Shawn, Ysabell.

Hellhören IV (Seite 188) 1 WW; 2 VIB; 3 AS; 4 LP; 5 VIB; 6 AS; 7 LL; 8 TV; 9 EG; 10 RS. Sprecher: Cyril, der Neue Tod, Drache, Ginger, Greebo, Nanny Ogg, Om, Ridcully, Rincewind/Zauberspruch, y Celyn.

Heureka! (Seite 56) 1 Salamander; 2 Leonard; 3 Elefanten; 4 Ankh-Tierchen; 5 Sumpfdrachen; 6 Tretmühle; 7 Zeitpumpenanalogie; 8 magischer Laden; 9 Hargas Rippchen; 10 schimmeliges Brot.

Heureka! II (Seite 95) 1 Oma Wetterwachs; 2 Didaktylos; 3 Rincewind; 4 Silberfisch; 5 Dil der Einbalsamierer; 6 ein Lampengeist; 7 Daktylos; 8 Käsedick; 9 Wemper; 10 ein bluffender Doktor.

Hysteron-Proteron (Seite 63) Identifizieren Sie (wenigstens ungefähr) die Fragen, die von den genannten Worten beantwortet werden. Namen der Fragesteller: 1 Tugelbend; 2 Mort; 3 und 4 Ridcully; 5 Oma Wetterwachs; 6 Rincewind; 7 Susanne; 8 Prüfer an der Unsichtbaren Universität; 9 Betahn; 10 Brutha; 11 Tod; 12 Terry Pratchett – er schlug diese letzte Frage vor; geben Sie ihm die Schuld.

Indisponiertes (Seite 38) 1 P; 2 MS; 3 WW; 4 FM; 5 EDZ; 6 Z; 7 RS; 8 M; 9 WW; 10 FM; 11 HB; 12 GT.

Kleptophilie (Seite 145) 1 Beschwörung; 2 Herstellung eines magischen Horns; 3 Kopfbedeckung; 4 heißes Zeug; 5 FM; 6 Wir sind in einer Mission für Glod unterwegs; 7 mit Zähnen editiert; 8 AS; 9 wie 3; 10 Bumm!; 11 sprechende Waffe; 12 ganzes Gebäude.

Kontinuum-Ontologie (Seite 65) 1 Magrat; 2 Brüder, 3 Romane; 4 Söhne; 5 Lebenszeit; 6 Karten; 7 Legislative; 8 Fisch; 9 Z; 10 magischer Laden.

Kontinuum-Ontologie II (Seite 87) 1 P; 2 astrologischer Einfluß; 3 unangenehmes Zeug; 4 Übersetzungen; 5 Institutionen; 6 Zauberspruch; 7 Vampir; 8 schmimärisch; 9 Rincewind; 10 Teppic.

Kontinuum-Ontologie III (Seite 114) 1 Bibliotheken; 2 Quantum; 3 Flüchtlinge; 4 Dämon; 5 Beute; 6 Assassinen; 7 Elfen; 8 Lancre; 9 Propheten; 10 Wache.

Kontinuum-Ontologie IV (Seite 173) 1 Familie in EZ; 2 Kalender; 3 Stufen; 4 Anklagen; 5 Hingabe; 6 Steine; 7 kalt; 8 Djel-Titel; 9 spontane Schöpfung; 10 Adel.

Kuriositätiges (Seite 44) 1 Drachen; 2 Rang; 3 Truhe; 4 Todeszeitpunkt; 5 Zwerge; 6 Zwerge; 7 falsch geschrieben; 8 Musikgruppen; 9 viele Namen; 10 Wer trat auf?

Kuriositätiges II (Seite 72) 1 Wächter; 2 Klubmitglieder; 3 Außenweltler; 4 doppelte Namen; 5 Trollnamen; 6 Sprache; 7 Karten; 8 Magisches; 9 Person; 10 Lexikon.

Kuriositätiges III (Seite 103) 1 Bücher; 2 Autoren; 3 Publikation; 4 Tierkreis; 5 Ziegen; 6 Orte; 7 Edelsteine; 8 Orden; 9 Elefanten; 10 Pharao-Ausrüstung.

Kuriositätiges IV (Seite 134) 1 Dämonen; 2 Gifte; 3 Troll-Götter; 4 Johnson; 5 Brüder; 6 Studios; 7 Bücher; 8 Helden; 9 Esks Fertigkeiten; 10 Djel-Götter.

Linguistik (Seite 59) 1 EZ; 2 WW; 3 VIB; 4 AS/TV; 5 WW; 6 TV; 7 LP; 8 nicht *aussprechen!*; 9 erregt Aufmerksamkeit; 10 bezieht sich auf Garten.

Linguistik II (Seite 140) 1 GT; 2 P; 3 FM; 4 EDZ; 5 LP; 6 EDZ; 7 P; 8 TV; 9 EDZ; 10 P.

Logopodie (Seite 121) Gemeinsames Thema: Informationen in Fußnoten. 1 GT; 2 VIB; 3 Z; 4 LP; 5 P; 6 Z; 7 M; 8 GT; 9 HB; 10 WW; 11 MS; 12 GT.

Meganumerologie (Seite 150) 1 LP oder auch HB; 2 runde Zahl von Jahrtausenden; 3 palindromisch; 4 EG; 5 ein Vielfaches von 2; 6 Nachbar des Tiers; 7 siehe 2; 8 eins weniger als die Stufen des Kunstturms; 9 vor dem Jahr 1000; 10 noch eine runde Zahl.

Mischmasch (Seite 12) Angeblich sind die Fragen nicht schwer, aber: 1 LP; 2 EZ; 3 GT; 4 VIB; 5 HB; 6 EZ; 7 LP; 7a FM; 9 VIB; 10 EDZ; 11 EG; 12 FM; 13 WW; 14 FM; 15 äh…; 16 FM; 17 Sense; 18 FM/LP; 19 VIB usw.; 20 Ersetzen Sie »Football« durch »Tanz«.

Moderne Geschichte (Seite 69) 1 FM; 2 Unsichtbare Universität; 3 P; 4 EZ; 5 Z; 6 P; 7 RS; 8 WW; 9 M; 10 P; 11 LL; 12 EDZ.

Morphische Resonanz (Seite 101) 1 Ziegelsteine; 2 Quecksilber; 3 Trommeln; 4 Süßwaren; 5 Tal; 6 Legion; 7 Graffiti; 8 Bibel; 9 Sadismus; 10 langes Musical.

Morphische Resonanz II (Seite 110) 1 Hwel; 2 Horn; 3 sträwkcür; 4 Schatten; 5 Zahlen; 6 konstante Geburten; 7 Ruder/Felsen; 8 Pastete; 9 Elfenkönigin; 10 Schildkröten.

Numerologie (Seite 47) Hinweis: Es gibt hier insgesamt 12 Antworten, weil die 7 gleich zweimal vorkommt, als 7 und 7a. 2 VIB (nicht etwas darin, aber etwas darüber); 3 EZ; 4 Ritus; 5 Z; 6 WW; 7 EG; 7a Aberglaube; 8 LL; 9 TV; 10 VIB; 11 DSAZ; 12 TV.

Parapsychologie (Seite 75) 1 VIB; 2 sträwkcür; 3 Frau Kuchen; 4 Gras; 5 in AS verdeutlicht; 6 siehe I-ching; 7 Öffnungen; 8 in EDZ genannte Flüssigkeit; 9 Stein; 10 FM.

Parapsychologie II (Seite 179) 1 P; 2 Sand; 3 Nase; 4 AS; 5 Kuschelweich; 6 AS; 7 !!!!!; 8 Schatten und historische Schlacht; 9 Hering; 10 WW.

Parazoologie (Seite 52) 1 P; 2 HB; 3 M; 4 WW; 5 LL; 6 AS; 7 WW; 8 TV; 9 HB; 10 RS.

Parazoologie II (Seite 175) 1 M; 2 AS; 3 RS; 4 P; 5 TV; 6 WW; 7 MS; 8 EZ; 9 HB; 10 LL.

Parvorektologie (Seite 193) 1 siehe Silikologie; 2 und 6 LL; 7 RS; 10 WW; 11 TV; 12 HB. Andere Namen: Bjorn, Gloria, Fafa, Knuddel, Schnapptopf.

Personen am Rande (Seite 22) 1 LP; 2 FM; 3 GT; 4 EDZ; 5 M; 6 WW; 7 MS; 8 E; 9 EG; 10 GT.

Personen am Rande II (Seite 160) 1 TV; 2 RS; 3 EZ, 4 MS; 5 VIB; 6 P; 7 LL; 8 E; 9 Z; 10 HB.

Philosophie (Seite 186) 1 EG; 2 P; 3 RS; 4 LP; 5 LP; 6 P; 7 EG; 8 P; 9 EG; 10 RS. Namen: Didaktylos, Ibid, Iesope, Krull, Nobbs, Pthagonal, Schlimmerwahn, Schwatzmaul, Stinker der Faulenzer, Urn.

Primäres (Seite 93) Die Antworten beziehen sich auf *Die dunkle Seite der Sonne,* EDZ, HB, GT x 2, *Strata,* FM x 4, LP x 2.

Pschikologie (Seite 156) 1 TV; 2 M; 3 TV; 4 EDZ; 5 M; 6 EDZ; 7 LL; 8 TV; 9 LL; 10 TV; 11 M; 12 TV. Namen: Annappel, Dismass, Gogol, Hohlig, Knoblauch, Ogg x 2, Oweh, Postalut, Wemper, Wetterwachs, Ziegenfinder.

Pseudonymie (Seite 89) 1 EZ; 2 E; 3 MS; 4 TV; 5 GT; 6 WW; 7 LL; 8 E; 9 WW; 10 LP. Namen: Diamanda, Eric, Federstein, Finger, Mort, Nanny Ogg, Oma Wetterwachs, Plühnderer, Quezovercoatl, Rincewind.

Pseudonymie II (Seite 127) 1 EG; 2 LL; 3 RS; 4 MS; 5 EZ; 6 MS, 7 HB; 8 WW; 9 TV; 10 VIB. Namen: Abraxas, Basilica, Beano, Bibliothekar, Klippe, Wetterwachs x 2, Withel, Wonse, Zervelatwurst.

Radiophonik (Seite 170) 1 RS; 2 AS; 3 AS; 4 VIB; 5 P; 6 VIB; 7 LP; 8 RS; 9 FM; 10 HB; 11 HB/RS; 12 VIB. Quellen: Banshee, Bettfedern, Bierflasche, Echo, Filmbüchse, Gitarre, Hong, Inhaber des magischen Ladens, Poons, Pyramiden, Resograph, Rubin.

Rhetorische Flora (Seite 99) Beschriebene oder miteinander verglichene Dinge: alter Zauberer, Angriff auf Stadt, Ankh-Morpork, astraler Flug, Berge, Drache, Gedanke, Leibwächter, Nacht, Neugier, Universität, Urgroßvater.

Schlimmen Schluss (Seite 29) 1 EZ; 2 VIB; 3 LP; 4 HB; 5 RS; 6 VIB; 7 EG; 8 MS; 10 MB. Opfer: Aliss, ein Ding, eine Näherin, Hong, Murune, Niedlich, Spold, Vincent, Vorbis, Yeti, Zervelatwurst.

Schlimmen Schluss II (Seite 165) 1 Z; 2 E; 3 TV; 4 M; 5 P; 6 LL; 7 EG; 8 AS; 9 TV; 10 WW. Opfer: da Quirm, ein Wolf, Fuchs, Ichlos, Klaufix der Dieb, Piewig, Pirsch, Ridcully Senior, Teppicymon, Wemper.

Silikologie (Seite 190) 1 siehe Parvorektologie; 4 RS; 7 HB; 11 RS. Andere Namen: Alter Großvater, Asphalt, Chrysopras, Detritus x 2, Herrena, Karborundum, Kreidig, Mory.

Spekulation (Seite 26) Gemeinsames Thema: Spiegel. 1 EG; 2 HB; 3 GT; 4 HB; 5 TV; 6 EG; 7 P; 8 TV; 9 HB; 10 EZ.

Städte und Gilden (Seite 167) 1 RS; 2 P; 3 WW; 4 HB; 5 WW; 6 FM; 7 WW; 8 P; 9 HB; 10 VIB etc.

Stilistik (Seite 199) 1 Käsedick; 2 Krempel; 3 TV; 4 Woo Hun Ling; 5 Mumm; 6 Quästor; 7 Königin, 8 Horde; 9 LL; 10 P; 11 Dekan; 12 Mort.

Synekdoche (Seite 124) 1 nicht nur; 2 weckt Ärger; 3 überall; 4 Gefahr; 5 sein Blut; 6 Der zwölfte Juni war nicht schlecht; 7 langer umstrittener Streifen; 8 Rest des Winters; 9 !!!!!; 10 Fluch; 11 überlisten; 12 Schlamm.

Thanatologie (Seite 205) 1 Draht; 2 Ratten; 3 Maske; 4 Dunkelheit; 5 b1 – c3; 6 Morgenbrise; 7 RS; 8 auf Deutsch; 9 Hwel; 10 Bettler; 11 für Füße; 12 Reiter.

Thaumowahl (Seite 24) 1 EDZ; 2 RS; 3 FM; 4 EZ; 5 Z; 6 AS; 7 FM; 7a VIB; 9 AS; 10 FM; 11 EDZ; 12 GT. Namen: Ajandurah, Allesweiß, Billet, Fresnel, Henchanse, Käsemeier, Peavie, Poons, Ridcully, Rincewind, Schneidgut, Stibbons.

Theologie (Seite 142) 1 Geier; 2 WW; 3 Krokodil; 4 RS; 5 gejagt; 6 EG; 7 AS; 8 Polarvogel; 9 RS; 10 Eßbesteck; 11 EG; 12 TV.

Ugh (Seite 108) Gemeinsames Thema: Bücher. 1 WW; 2 LP; 3 E; 4 LP; 5 WW; 6 GT; 7 EG; 8 P; 9 Z; 10 LP.

Ugh II (Seite 138) 1 EG; 2 P; 3 HB; 4 Z; 5 RS; 6 VIB; 7 LL; 8 RS; 9 HB; 10 EG.

Unheimliche Synchronizität (Seite 49) 1 Lovecraft; 2 Hameln; 3 Italien der Renaissance; 4 willensschwach!; 5 in RS erklärt; 6 Wind; 7 .EXE; 8 wandernde Finger; 9 Z; 10 Preis.

Unheimliche Synchronizität II (Seite 129) 1 Pelz; 2 Brown; 3 China; 4 Ramses; 5 Heiliger; 6 Alph; 7 Brown; 8 Panik; 9 Baum; 10 rückwärts einparken.

Unnatürliche Geschichte (Seite 182) 1 HB; 2 P; 3 WW/MS; 4 FM, 5 TV; 6 AS, 7 EZ; 8 HB; 9 M; 10 AS. Namen: Drull, Greebo, Greicha, Notfaroutoe, Poons, Schräg, Schuh, Teppicymon, Verence, Ziege von Skund.

Unsichtbare Schriften (Seite 19) 1 MS; 2 LL; 3 RS; 4 GT; 5 LL; 6 EZ; 7 Z; 8 VIB; 9 LP; 10 M.

Unsichtbare Schriften II (Seite 196) 1 E; 2 EZ; 3 AS; 4 FM; 5 MS; 6 GT; 7 TV; 8 RS; 9 EZ; 10 EG.

Verborgene Verbindungen (Seite 41) 1 Galileo; 2 Beachcomber; 3 Lang; 4 unterirdischer Fluß; 5 ein kollaborierender Thriller; 6 Pfahlhocker; 7 Erbsen; 8 sträwkcür; 9 tödlicher Koch; 10 Kosmologie.

Verborgene Verbindungen II (Seite 81) 1 Phantom; 2 Systemvariable; 3 Kurzgeschichte; 4 Schildkröte; 5 Ankertaugasse; 6 Geschichte von Lancre; 7 Tod; 8 L'Allegro; 9 Mort-Comic; 10 Tasche.

Verborgene Verbindungen III (Seite 147) 1 Klatsch; 2 streichelt Katze; 3 EG; 4 LP-Comic; 5 Mutter kam und beschwerte sich; 6 Z; 7 Wortquadrat; 8 Namen von Zaubersprüchen; 9 Poons; 10 Suche nach...

Wahre Namen (Seite 31) 1 Filmstudio; 2 Richtung; 3 Theatertradition; 4 polnisches Lied; 5 nicht sehr bekannte Band; 6 häufige Zitate; 7 nackt baden; 8 Voodoo; 9 walisisch; 10 Lancashire-Hexen; 11 Satire von 1734; 12 alter Euphemismus.

Wahre Namen II (Seite 202) 1 Käfer; 2 nicht einschlagen; 3 Gelbfisch; 4 Theosophie; 5 Crap; 6 Howard; 7 Leon; 8 Süßigkeiten; 9 Euphemismus; 10 Shakespeare; 11 Legion; 12 Vitamin.

Wahrscheinlichkeitsanalyse (Seite 163) 1 Rincewinds Rückkehr; 2 Scheibenwelt; 3 Krokodil; 4 Feuer; 5 Adlertransport; 6 Karotte; 7 Sense; 8 Prüfung; 9 Elfen; 10 Mumm/Käsedick; 11 Geister; 12 Stab finden.

Zauberspruchlogie (Seite 136) 2 FM; 10 LP. Andere Zaubersprüche sind nach den jeweiligen Zauberern benannt: Atavarr, Eringyas, Gindel, Herpetty, Maligree, Mumuck, Pelepel, Riktor.

Zechkultur (Seite 158) 1 MS; 2 LP; 3 Z; 4 GT; 5 MS; 6 FM; 7 EG; 8 WW; 9 FM; 10 Z.

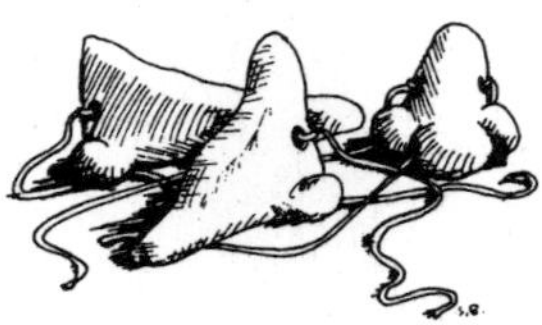

Fakultät für NOTWENDIGE FEHLERHAFTIGKEIT

Wer ein perfektes Kunstwerk schafft, so heißt es, maßt sich die Allmacht Allahs an – deshalb enthalten alle von den Gläubigen gewebte Teppiche einen absichtlichen Fehler. Nun, dieses hingebungsvolle Werk meidet den Zorn der weitaus zahlreicheren und streitlustigeren Scheibenwelt-Götter, indem es gewisse, äh, absichtliche Fehler enthält. Sind sie Ihnen aufgefallen?

1
2
3
4
5
6
7
8
9
10

ANTWORTEN

Ichus non sapiens – siehe S. 140 für eine Übersetzung dieser sehr alten und traditionellen akademischen Maxime. Wenn es irgendwelche offensichtlichen Fehler geben sollte[1], so schreiben Sie mir – David Langford, c/o Gollancz – oder schicken Sie mir eine E-Mail: *quizbook(et)ansible.demon.co.uk.* Wenn Sie nicht zu ausfallend werden, können Sie sogar mit einer Antwort rechnen.

Wie haben Sie abgeschnitten? Es gibt insgesamt 850 Punkte, hinzu kommen 10 hier und dort verstreute Bonuspunkte. Wenn Sie mehr als 860 Punkte vorweisen können, haben Sie gemogelt. Genau 860 Punkte deuten auf ein enormes Präkognitionstalent hin, denn bei einer Bonuspunkt-Antwort fehlte die Frage. Ihnen steht eine steile Karriere als gefeiertes Medium bevor!

Ansonsten:

- Ergebnisse im Bereich von 0 bis 50 Punkten verraten unzureichende Kenntnisse der Scheibenwelt-Saga.
- Ein Resultat zwischen 750 und 859 Punkten offenbart krankhafte Besessenheit – Sie sollten unbedingt mehr unter die Leute kommen.
- Alle anderen Ergebnisse bedeuten: Sie sind eine durch und durch hervorragende Person, die unter vielversprechenden Sternen geboren wurde und sich bei allen Geschäften mit einem gewissen Schnapper in acht nehmen sollte. Außerdem ist Ihre Lieblingsfarbe gewürzgurkengrün (wenn mir bei der Erstellung des Horoskops kein Fehler unterlaufen ist).

Die in der Widmung dieses Buches versteckte Botschaft lautet: »Ich, Francis Bacon, habe alles geschrieben; glaubt bloß nicht dem Mistkerl Schäikspier …«

[1] Die nicht der Übersetzung zuzuschreiben sind – Anmerkung des Übersetzers.

Aufgrund eines überwältigenden Anfalls protestantischer Arbeitsmoral habe ich versucht, keine Ideen aus *Die Scheibenwelt von A – Z* und *Annotated Pratchett File* zu verwenden. Beide Datenquellen dienten mir vor allem dazu, Dinge zu überprüfen, und es ernüchterte[1] mich sehr festzustellen, daß »meine eigenen« Entdeckungen längst bekannt waren. Mist, wieder nichts. Und ohne einen Hinweis wäre ich bestimmt nicht auf die Sache mit dem verdammten polnischen Partylied gekommen …
Bei den gewissenhaften Nachforschungen für dieses Buch bin ich auch dem oft geäußerten Glauben nachgegangen, daß gelegentlich in den Scheibenwelt-Büchern erwähnte Hunde mit orangefarbenen Brauen auf eins der vielen unerklärlichen Ereignisse anspielen, von denen Charles Fort erzählte. Angeblich berichtete eine Zeitung von einem Hund mit orangefarbenen Brauen, der am 26. Juli 1908 »Guten Morgen!« zu zwei Detektiven aus Pittsburgh sagte und dann in grünlichem Dunst verschwand. Erstens: Das fünfte Kapitel von Forts Buch *Wild Talents* enthält tatsächlich eine solche Geschichte, aber den Hund betreffend werden keine orangefarbenen Brauen erwähnt. Zweitens: Selbst Charles Fort blieb hier skeptisch: »Auf die Geschichte mit dem Hund falle ich nicht herein.«[2] Drittens: Die vermeintliche Verbindung verblüffte unseren Scheibenwelt-Autor, und klagend fragte er, ob denn niemandem Rottweiler bekannt seien. Ich glaube, wir müssen zu folgendem Schluß gelangen: Auf diese Geschichte mit dem Hund fallen wir nicht herein.

Ich möchte Terry Pratchett dafür danken, daß er die Romane schrieb, die dies alles ermöglichten. Darüber hinaus gebührt mein Dank Stephen Briggs, Koautor des Nachschlagewerks *Die Scheibenwelt von A – Z* und Autor der Karten *Die Straßen von Ankh-Morpork* und *The Discworld Mapp* (beide gezeichnet von Stephen Player)… und Leo Breebaart für die unglaublich große Datei *Annotated Pratchett File,* die er im Internet zur Verfügung

[1] Es grenzte an schmerzvolles Knurd.

[2] Das »Guten Morgen!« hätte er bereitwillig geglaubt, doch die Sache mit dem grünlichen Dunst hielt er für übertrieben.

stellt … und den zahlreichen Besuchern der Usenet-Newsgroup *alt.fan.pratchett,* die Breebaarts Meisterwerk mit den verrücktesten Dingen erweitern … und insbesondere Christopher Priest, der sich als sehr hilfreicher Literaturagent erwies. Außerdem danke ich all den flotten, irren und tollen Leuten bei Gollancz.

Stephen Briggs verdient einige zusätzliche Schulterklopfer, weil er dieses Buch mit einigen Themenideen erweiterte. Terry Pratchett zeigte mir nicht nur, wie ich meinen Klugscheißer-Quotienten erhöhen kann, sondern schlug auch gewisse Fragen vor – ein Wettbewerb für ihre Identifizierung ist nicht geplant. Es ist auch keine goldene Schildkröte irgendwo in der Sto-Ebene vergraben worden, damit sie von den Leuten gefunden und ausgegraben wird, die nach *verborgenen* Hinweisen suchen.
Bis dann …

David Langford, 1995

Wenn Sie gerade an dieser Stelle nachgeschlagen haben, weil Sie sich Tips erhoffen: siehe S. 208.